绿色采购战略
对我国企业绩效的影响研究

张松波◎著

Study on the Impact of
Green Procurement Strategy on
Firm Performance in China

经济管理出版社
ECONOMY & MANAGEMENT PUBLISHING HOUSE

图书在版编目（CIP）数据

绿色采购战略对我国企业绩效的影响研究 / 张松波著 . —北京：经济管理出版社，2020.8

ISBN 978-7-5096-7465-9

Ⅰ . ①绿… Ⅱ . ①张… Ⅲ . ①采购—影响—企业绩效—企业管理—研究—中国

Ⅳ . ① F272.5

中国版本图书馆 CIP 数据核字（2020）第 158367 号

组稿编辑：范美琴

责任编辑：范美琴　姜玉满

责任印制：黄章平

责任校对：张晓燕

出版发行：经济管理出版社

　　　　　（北京市海淀区北蜂窝 8 号中雅大厦 A 座 11 层　　100038）

网　　址：www.E-mp.com.cn

电　　话：（010）51915602

印　　刷：唐山昊达印刷有限公司

经　　销：新华书店

开　　本：720mm×1000mm/16

印　　张：9.75

字　　数：169 千字

版　　次：2020 年 8 月第 1 版　2020 年 8 月第 1 次印刷

书　　号：ISBN 978-7-5096-7465-9

定　　价：58.00 元

前　言

Foreword

　　当前，资源和环境问题日益凸显，企业不断受到来自各方的压力，社会各界要求企业开展环境友好的实践活动。绿色经济（绿色供应链）的发展包括很多环节，位于绿色供应链始端的绿色采购是减少环境问题产生的起点和根源。很多企业已经将环境标准整合进自身的采购政策和流程中，实施绿色采购，但大多数企业并没有将其融入企业整体战略中。2014年《中国采购发展报告》的数据表明，近一半接受调查的我国企业将成本视为执行绿色采购行为时需要克服的主要障碍，绿色采购能否带来企业绩效的提升以及实现途径是他们担心的主要问题。所以，绿色采购是否能够提升企业绩效已经成为实践界关注的热点问题，这也是本书研究的一个重要出发点，即解决企业绿色采购实践中成本与收益的权衡问题。

　　在理论研究领域，关于绿色采购战略与企业绩效之间关系的研究仍存在一些争议：大部分研究认为绿色采购战略能够提升企业绩效，而少数研究得到了负相关甚至不相关的结论。本书认为，出现这种研究差异的原因可能主要有两方面：首先，调研数据来源具有差异性，已有的定量研究多数是采取问卷调研获取一手数据或是案例研究的方法，但是，这两种方法中问卷法的主观性相对较强，案例法普适性不足，因此，可能会导致结果产生差异。其次，现有研究尚没有深入探究绿色采购战略影响企业绩效的内在机理，仅仅研究了绿色采购对企业绩效的直接影响，这种影响的内在作用关系和两者发生作用的存在条件仍不清晰，故难免产生研究争议。所以，仍需做进一步的理论探索和推进，以厘清两者之间的深层次关系，这无论对理论界还是实践界都有重要的意义。

　　基于以上分析，本书研究的出发点就是试图回答"绿色采购战略能否提升以及如何提升企业绩效"这一问题，从而为企业绿色采购实践提供一定的理论基础和经验依据。基于相关文献回顾，以利益相关者理论、资源依赖理论、绿色供应链理论等为基础，本书重新构建了绿色采购战略与企业绩效之间关系的内在作用模型。首先，对绿色采购战略进行重新分类，即分为基于产品的绿色采购战略和基于流程的绿色采购战略，并研究了其如何影响企业运营效率进而影响企业绩效，验证了企业运营效率的中介作用。其次，基于利益相关者理论和资源依赖理论，探索了利益相关者满足如何影响绿色采购战略对企业绩效的作用效率。

为克服问卷发放或是案例研究的局限性，本书采用我国 A 股 206 家上市公司的二手数据对理论框架进行实证研究，得到以下结论：第一，基于产品的绿色采购战略能够促进企业绩效明显提升，基于流程的绿色采购战略也能在一定程度上提升企业的绩效。第二，基于产品的绿色采购战略和基于流程的绿色采购战略对企业绩效的影响中，企业运营效率发挥部分中介作用。第三，供应商满足正向调节基于产品的绿色采购战略对企业运营效率的影响，负向调节基于流程的绿色采购战略对企业运营效率的影响；客户满足正向调节基于产品的绿色采购战略对企业运营效率的影响；股东满足正向调节基于产品的绿色采购战略对企业绩效的影响，负向调节基于流程的绿色采购战略对企业绩效的影响；债权人满足正向调节基于产品的绿色采购战略和基于流程的绿色采购战略对企业绩效的影响；政府满足正向调节基于产品的绿色采购战略对企业绩效的影响。

本书的研究结论对于拓展和深入绿色供应链管理、利益相关者和企业绩效的研究具有重要意义，这些理论贡献即是本书的创新点，主要体现在以下三个方面：首先，本书从产品导向和流程导向的视角出发，在梳理和总结已有绿色采购战略研究文献的基础上，对企业的绿色采购战略进行了重新的界定和分类，即分为基于产品的绿色采购战略和基于流程的绿色采购战略两个维度，并给出了各自的详细定义；其次，本书运用二手数据分别验证了基于产品的绿色采购战略和基于流程的绿色采购战略与企业绩效之间的关系，为绿色采购战略与企业绩效的相关研究提供了实证支持；最后，本书探索了绿色采购战略影响企业绩效的内在机理，提出了一个新的概念模型，即引入运营效率作为中介变量，利益相关者满足作为调节变量，拓展了绿色采购战略的研究视野。

此外，本书所探讨的问题也对企业的绿色采购实践和政府的相关政策制定有重要的启示：第一，建议企业要主动承担起企业的社会责任，制定主动的环境战略，从绿色采购做起，提高企业内部的环境管理水平，加强与上下游企业以及其他利益相关者的沟通与联系；第二，建议政府要运用多种宏观调控手段、建立相关法规和政策体系促进绿色采购，为企业绿色采购营造良好的外部环境；第三，在总结深圳市企业绿色采购实践的基础上，创新性地提出了基于政企联动的绿色采购模式，通过构建政府和企业的联动机制，以期推动企业绿色采购的快速发展。

目　录

CONTENTS

第一章 绪 论

近年来，经济的快速发展带来的资源枯竭和生态问题引起各个国家的广泛关注，绿色经济、可持续发展的呼声日益高涨，政府、公众等要求企业实施资源节约和环境保护的压力日益增强。同时，随着全球经济一体化进程的加快和市场竞争激烈程度的加剧，企业间的竞争逐步演变为企业的供应链竞争。在这种背景下，企业要想取得竞争优势，绿色供应链管理势在必行（朱庆华，2008）。采购是整个供应链活动的起点，绿色采购相应地成为企业开展绿色供应链管理实践的重要一环，也是企业提高环境绩效的重要手段（Min and Galle，1997；Carter and Jennings，2004；Zhu et al.，2008；Osman et al.，2014）。2014 年 12 月 22 日，商务部、环境保护部、工业和信息化部联合发布《企业绿色采购指南（试行）》，以期推动企业实施绿色采购，构建企业间绿色供应链，推进资源节约型、环境友好型社会建设。综上，伴随着绿色经济的发展，企业该如何实施绿色采购以及绿色采购与企业绩效的内在关系已成为人们讨论的一个热点问题。

2009 年 11 月，国际零售巨头 HRG 与世界自然基金会、全球森林贸易网络在上海、深圳和香港共同主办了"绿色采购"企业培训会，HRG 作为最大的木材采购商，他们对全球范围内的木材供应商提出了"严苛"的要求，要求供应商提供的木材必须是合法的和经过认证的，在他们的卖场里，未获得绿色认证的木业产品直接被"pass"掉；在商业零售业，沃尔玛非常重视绿色采购战略的实施，他们坚持与供应商进行绿色合作，帮助和促进其供应商实现可持续发展，拥有 200 多人的大团队专门负责道德采购工作，在几年前，他们就宣布了考核供应商在减少包装用料、保护自然环境方面做出的努力，通过这个行动，他们的目标是在 2013 年前减少 5% 的包装用料，相当于从道路上减少21.3 万辆卡车，节省 32.4 吨煤和 6700 万加仑柴油，这对于环境和当地居民是一个福音。

将视角转回国内，2015 年中央经济工作会议提出要加强供给侧结构性改革，倡导绿色发展理念，我国绿色采购的发展仍以政府绿色采购为主，企业绿色采购处于起步发展阶段，企业认知度和实施度均较低，并且参与者主要是少数大型企业，它们已经将环境标准整合进自身的采购政策和流程中。2015 年，中国物流与采购联合会的最新数据显示：在绿色采购实施的限制因素方面，占据前三位的分别是：缺乏新材料与技术支持（69.11%）、消费者绿色认知与需求不够（68.18%）、相关法规与行业标准不完善或执行不强（66.01%）。

然而，企业作为追求经济利益的实体，在获得利润的同时也带来了环境污染、安全事故、质量问题等负的外部性。以食品问题为例，近两年由于采购问题导致的食品安全事件接连不断。2011 年，蒙牛因黄曲霉毒素 M1 超标而引发的"致癌门"事件，正是由于牛吃了霉变的饲料所致，背后的原因是蒙牛对供应商（奶农）的绿色监管不善，未能做到绿色采购标准，此次事件也导致了其股票一天之内蒸发市值 111 亿港元，其供应商现代牧业也暴跌了13.4%，可见企业的绿色采购实践跟绩效之间存在直接关系。此外，还有诸如咸鸭蛋和辣椒酱里的苏丹红、火腿里的敌敌畏、火锅里的福尔马林、木耳里的硫酸铜等，不胜枚举，食品安全已经成为我国一个急需解决的问题，而且必须从源头抓起，即严把原材料的采购大关，从源头杜绝危害环境和人类健康的因素。

在经济全球化的背景下，可持续发展已经成为主流，任何行业的企业必须担起自己那份社会责任，做到企业与环境的和谐发展。特别是对于出口导向型企业而言，只有从源头严抓绿色环保，对供应商进行绿色监管以及与供应商共同实施环保措施，才能突破绿色贸易壁垒，保持出口产品的竞争优势。从经济全球化发展来看，我国企业实施绿色采购战略有助于提升在国际市场上的竞争力。我国是一个制造业大国，可以说，高能耗、重污染的产品在主要的制造行业中还占有相当大的比率，因为达不到国际绿色标准而无法参与国际市场的竞争。党的十八届三中全会已明确提出建立生态文明制度体系，用制度保护生态环境，促进经济的可持续发展。绿色采购的实施可以促进上游企业转变生产模式，淘汰生产工艺落后，符合中央经济工作会议提出的供给侧结构性改革政策。因此，在当前经济转型升级的背景下，本书研究具有重要的应用价值。

第一节　研究背景

一、实践背景

随着生态污染、资源枯竭等问题的逐步增多，可持续发展的理念引起了各国政府、企业以及个人的重视，绿色经济的发展成为全球的关注点。国际上绿色壁垒已悄然形成，绿色供应链的思想已被各国企业采纳。采购环节位于供应链始端并且是企业内部物流起点，它所在的位置能够更好、更快地了解外部环境的变化，在此基础上做出相应调整，进而推动绿色经济的发展。企业在进行采购活动时，应该依据经济、环境和社会三者协调发展的原则，在尽量控制采购成本的前提下，保证绿色产品所需原材料的获取，这也是企业获取经济效益以及社会效益的源泉所在。研究证明（Roland and Lucy，2000），相对于供应链中的下游企业来说，上游的生产制造企业对环境的不利影响会更大，所以，企业在发展绿色经济，进行绿色供应链管理时，绿色采购成为企业绿色链条中尤为重要的一环，是企业真正走上绿色供应链管理模式的开始。

在实践领域，大部分企业已经认识到绿色采购的重要性，绿色采购意识已逐步延伸到各个领域，绿色采购的金额也在不断增加。根据世界银行的有关数据，2010 年使用世界银行的贷发资金进行绿色采购的金额高达 252 亿美元，而且在世界银行本身采购过程中，每年大约有 5 亿美元与绿色采购相关，比如世界银行在项目采购过程中对每一个项目进行严格的环境评估，并在招标文件中加入相应的绿色采购条款，包括评估标准等。然而，出于成本 / 收益、相关法律制度不完善等考虑，多数企业并没有采取全局的方式看待绿色采购的效应，而由于受到各方面利益相关者等的压力，企业公布了一些环保政策或体系，没有真正地去实施绿色采购（Saha and Darnton，2005；Ramus and Montiel，2005）。近几年，世界各地的公司在宣传其产品、服务和公司品牌时，越来越多地对环保性和可持续性等优点进行刻意宣传，"漂绿"行为屡见不鲜：美国的通用汽车、埃克森美孚均因为广告中"掺绿"行为受到美国环保监督机构的批评；澳大利亚针对企业的"漂绿"行为进行专门立法，澳大利亚能源公司因其两种产品的绿色误导宣传成为最早受罚企业之一。

我国企业的绿色采购实施现状也不尽如人意，存在一些问题：首先，大多数企业没有认识到绿色采购潜在的巨大价值，由于受到客户的环保压力，被动地去实施绿色采购战略，比如绿色供应商的选择、绿色技术的引进等，只有少数企业主动地在实施绿色采购，比如宝钢集团、中兴通讯等企业。其次，绿色市场准入门槛低，且审核和监管不严。一部分企业将其生产的普通产品当作绿色产品高价销售，损害了消费者的合法权益，并且打击了其进行绿色消费的积极性。此外，也会对生产正规绿色产品的企业产生冲击，吞噬其部分利益。比如现在市场上存在的很多"山寨版"绿色有机蔬菜。最后，缺乏相关法律和制度的支持。关于企业间绿色采购的专属法律法规尚未出台，已有的政府采购法律法规体系也未能营造适宜企业绿色采购的氛围，对采购的范围、采购实体、招投标程序、争端解决方法等政策性和技术性问题作明确规定，以此来规范和指导企业的采购行为。

为何很多企业都只是做绿色采购的表面功夫而没有深入探索和实施绿色采购战略？从成本和收益视角看，绿色采购给企业带来成本投入的上升以及其未来的收益具有不确定性，此外，企业还有对于绿色采购战略可行性的担忧，比如缺乏各个行业绿色采购的标准和指导性文件等。值得一提的是，随着企业快速发展，在社会经济体系中的地位不断提升的同时，所带来的负外部性也随之增多，企业的各类利益相关者要求企业积极履行社会责任（Freeman，1984），即企业需要对股东、债权人、政府、供应商、客户、社区、自然环境等负责，因为他们手中掌握了企业所需的不同资源，企业只有满足每个利益相关者的不同需求，才能保证自身的可持续发展。

在党的十八届五中全会上，习近平主席提出创新、协调、绿色、开放、共享"五大发展理念"，将绿色发展作为关系我国发展全局的一个重要理念，作为"十三五"乃至更长时期我国经济社会发展的一个基本理念。绿色采购作为企业绿色发展的"供给侧"，是减少环境问题产生的起点和根源。目前，我国绿色采购发展仍以政府绿色采购为主，企业绿色采购发展主要集中于北京、上海、深圳等一线城市，虽然多数企业已经意识到绿色采购的重要性，但有效实施者数量有限，即存在"知而不行"问题。因此，如何促进企业实施绿色采购对推动绿色经济发展具有重要意义。我国企业绿色采购处于起步发展阶段，企业认知度和实施度均较低，且已实施企业多数只注重采购绿色产品，而没有延伸到产品供应链的全程绿色化。这是因为存在众多制约因素，比如绿色技术及绩效评估体系的局限性、企业认知度及管理水平有限（比如对实施模式和作用机制的不清晰）以及相关政策法规制度的缺失等。发达国家先进经验表明，企业绿色采购的发展需要政府制度在各环节的推动，而我国制度性投入相对不足。2015 年开始生效的《企业绿色采购指南（试行）》从采购原材料、产品与服务、选择供应商等几个方面进行了规范，以指导企业实施绿色采购，但对于绿色采购的具体实施模式等方面仍未深入探讨，不能有效应对企业实施绿色采购的实际需求。所以，虽然我国多数企业感受到外部的制度压力，但由于缺乏强制性和可操作性，仍没有真正有效开展绿色采购。

综上所述，在当今环境问题日益严峻、可持续发展被广泛认可的大环境中，企业实施绿色采购面临的实践问题有：绿色采购到底该如何实施？有哪些战略？到底能否提高以及如何提高企业绩效？

二、理论背景

经济学以及生态研究等领域的学者关于经济和环境相互协调发展的研究为本书的绿色采购研究奠定了一定的理论基础。近年来，在环境污染等问题日益紧迫的背景下，有关环境问题分析和治理的相关研究大量出现，围绕着可持续发展观，学者从企业和产业等不同角度出发，提出了绿色供应链管理等相关理念（Sarkis，1998；Baumann，2002；Stevels，2002；Corbett，2006；Huang，2009）。环境管理包括了产品流程改造和环境制度建设（秦颖，2006），而绿色供应链管理的研究主要是针对与企业绿色采购等行为的微观管理。企业绿色采购的出发点是：采购作为供应链和价值链活动的源头，既要考虑经济效益，还要注重生态和环境的保护，即尽量减少企业采购活动对环境的负面影响，从供应链和价值链的始端进行控制。已有学者关于绿色采购的研究很多是基于环境管理或是绿色供应链管理的研究（Lamming and Hanson's，1996；Rao，2002；Stephan Vachon and Robert D. Klassen，2006；Zhu et al.，2007a；Zhu et al.，2008a；TK Eltayeb，2009）。由于企业环境管理和绿色供应链管理的研究内容里面均包含了绿色采购这一环节，学者们关于环境管理以及绿色供应链管理的一些理论依据和研究结论同样适用于绿色采购的研究。

环境管理战略是企业在生产经营过程中以对自然环境负面影响最小化为原则形成的企业战略，已有相关研究主要包括企业实施环境战略的压力和动力（Jennings，1995；Andersson，2000；杨东宁、周长辉，2005）、环境战略与企业绩效的关系等（綦建红、周洁琼，2007；Sharfman，2008；杨德锋、杨建华，2009）。近年来，从利益相关者理论视角出发的企业环境战略（绿色战略）有关研究逐渐增多，国内外学者已有的研究主要是从利益相关者压力与企业环境战略选择（Steadman，1995；Laplante，1996；Gray and Guthrie，1990；Dasgupta and Laplante，2001；Nadkarni，2008）、利益相关者参与企业环境战略这两个视角展开。企业内部如管理者（Marshall，2005）、员工（杨东宁、周长辉，2005）等都可能通过参与企业经营从而对企业环境绩效产生影响。

结合环境管理的绿色思想以及供应链管理的研究，绿色供应链管理指的是在企业供应链的每一环节融入绿色环保思想。自绿色供应链管理的兴起开始，十几年来，绿色供应链管理的研究一直是国内外研究的热点问题并取得了一定的成果，已有研究主要集中在概念研究（Sarkis，1999；但斌、刘飞，2000；Nagel，2003；朱庆华、赵清华，2005；Mallidis，2010；张璇等，2017）、评估机制研究（Knowles，2000；Sarkis，2003；朱庆华、耿勇，2006；Green，2012；Bjorklund，2012；颉茂华等，2019）、实施机制研究（Walley，1994；蒋旻，2004；陈傲，2006；Walker，2008；Fawcett，2008；朱庆华，2009；Mallidis，2010；石薛桥等，2019）以及发展历程研究（朱庆华，2004；Srivastava，2007；王能民，2007；王义琛，2010；Sarkis，2011；张志奇，2019）四个方面。此外，从研究对象来看，国内外已有的关于绿色供应链的研究绝大部分集中于制造行业（Green，1998；Carter，1998；Min and Galle，2001；Cristobal，2005；朱庆华、耿勇，2005；Qinghua Zhu，2007；Liu Bin，2008；马丽丽，2008；Eltayeb，2009；Bjrklund，2010；路世昌、王晨，2017）。相对来说，服务产业的绿色研究则相对较少（Foster，2000；Antonio，2008），随着服务产业在经济发展中起的作用越来越大，其环境问题也不能小视。

最早关注绿色采购的学者是从企业角度出发的，即减少企业经营活动对社会和环境的负面影响的研究。到目前为止，国内外关于绿色采购的研究主要是集中于绿色采购的界定和内涵研究（Carter，1995；Min and Galle，1997；Zsidisin and Siferd，2001；陈杰，2003；赵清华、朱庆华，2005；侯方淼，2007；刘彬、朱庆华，2009；张松波等，2017）、绿色采购战略内容及实施研究（Lamming and Hanson，1996；Noci，1997；Lamming et al.，1999；陈杰，2003；Eltayeb and Zailani，2009；李勃等，2018）、绿色采购的影响因素研究（Drumwright，1994；Henriques and Sadorsky，1996；Carter and Carter，1998；Carter and Jennings，2004；曲英，2007；朱庆华，2008；Bjorklund，2011；Wu et al.，2012；封红旗等，2019）以及绿

色采购与企业绩效的关系研究（Handfield，1993；Cox et al.，1998；Carter，2000；Bowen et al.，2002；Sarkis，2003；Zhu and Cote，2004；Liu Bin and Zhao Rong，2008； 刘彬、朱庆华，2009；Laosirihongthong，2013；Osman et al.，2014；李欣，2018）。其中，关于绿色采购战略与企业绩效关系的研究一直存在争议：大部分实证研究认为绿色采购战略能够提升企业绩效。比如，Carter（2000）等研究发现，企业的绿色采购战略与企业净利润成正比，与企业销售产品的成本成反比；但是，也有研究表明绿色采购实践并不能增加企业的经济绩效，而是会增加企业成本，带来负向绩效。比如，Bowen 等（2002）验证了企业实施绿色采购后，其企业经济绩效并不能在短期内通过利润和销售收入获得提升。

从前面学者的研究可以看出，第一，对于绿色战略（绿色采购、绿色供应链管理、环境战略等）的研究很多，其中关于绿色采购战略的界定和测量问题一直没有得到很好的解决，大多数研究还是停留在概念层次，对其测量运用的均是一手数据，这也可能是绿色采购战略与企业绩效关系研究存在争议的原因之一；第二，学者们均探索了绿色采购战略对企业绩效的直接影响作用，而没有打开两者之间存在的"黑箱"，即内在的影响机理研究较为缺乏；第三，近年来，利益相关者已经被学者们引进了绿色战略研究，但多数研究还是围绕着利益相关者如何促使企业采取绿色行为展开，而不同类型的利益相关者如何影响企业绿色战略的研究仍较为匮乏。

第二节　研究问题

正如上述实践背景和理论背景所言，可持续发展理念已深入人心，而企业为求快速发展导致的环境问题屡见不鲜，并沿着企业所在供应链向上下游传播，对整个社会和人类生活造成了巨大危害。所以，企业实施绿色供应链管理、企业环境战略意义重大，而绿色采购位于绿色供应链的始端，是每个企业环境战略考虑的首要问题，然而正如实践背景中所阐述的，很多企业的绿色战略"重宣传，轻实践"，究其原因，多数企业是担心成本投入大，而收益又不稳定（张松波、宋华，2012）。在理论研究领域，关于绿色采购战略与企业绩效的研究结论不一，本书分析其原因除了与学者们的研究样本和研究设计有关以外，最重要的原因是大多数学者均是研究了绿色采购战略与企业绩效的直接关系，没有考虑两者之间可能存在的其他影响因素。

首先，绿色采购是一个系统工程，应该以全生命周期的视角去看待，因为其产生的收益具有隐藏性和长期性等特点，收益的隐藏性是指绿色采购能够间接给企业带来收益，比如能够提升企业的声誉、促进与供应商的关系而降低其机会主义风险和交易成本；收益的长期性是指实施绿色采购不能带来立竿见影的收益，可能需要一年甚至更长的时间，才能体现出其价值。所以，企业绿色采购不会明显提升企业绩效，而是通过提升企业声誉、优化企业流程、提高运营效率等间接影响企业绩效。

其次，绿色采购是企业的一种战略行为，企业实施不同的战略需要投入不同种类和数量的资源，而由利益相关者理论得知，企业所有的资源均来自于各利益相关者，所以企业需要关注并满足影响其战略实施的利益相关者的利益诉求，否则利益相关者会通过对企业所需求资源进行控制（Freeman，1999），最终影响企业战略的实施进程与最终效果。比如如果企业无法满足利益相关者对环境友好性的诉求，则其客户会选择以高价从其竞争对手那里购买环境友好型的产品（Miles，2000），从而会影响企业的市场份额。供应商发现其下游生产商违规生产时，会选择拒绝继续对其供货，影响企业的正常生产（Henriques and Sadorsky，1999）。所以，绿色采购作为企业的一种战略行为，会受到企业利益相关者的影响，企业在实施绿色采购战略时，必须要考虑和满足利益相关者的诉求。

综上所述，无论是从企业管理实践还是理论发展的需要上，都有必要在现有研究基础上对绿色采购战略与企业绩效进行深入研究，以探索和厘清两者之间的内在影响机理，以帮助企业更好地理解绿色采购战略，进而在实施时做出合理的决策。结合绿色供应链和环境战略的已有研究，本书引入企业运营效率和利益相关者满足两个概念，试图回答以下问题：① 绿色采购战略都有哪些具体分类？② 绿色采购战略能否提高企业绩效？③ 运营效率是否存在中介作用？④ 利益相关者如何影响企业的绿色采购战略实施？正如 Green（2012）所说，绿色供应链和企业绩效之间存在一个黑匣子，打开这个黑匣子是未来的研究方向。基于对相关文献进行回顾整理，本书试图打开绿色采购战略与企业绩效之间的"黑匣子"，具体将实现以下几个目标：

（1）界定企业绿色采购战略的具体内容及分类，并采用二手数据测量企业的绿色采购战略。已有关于企业绿色采购战略内容的研究比较散乱，没有形成一个成型的分类标准，基于对已有相关文献进行回顾和整理，本书试图对绿色采购战略进行详细的分类，即分为基于产品的绿色采购战略和基于流程的绿色采购战略，并在此基础上获取企业的二手数据资料，进而运用内容分析法对两种绿色采购战略进行测量，用于后面的实证研究。

（2）研究企业实施绿色采购战略是否能够提升企业的绩效，因为已有的相关研究对于这个问题存在一定争议，本书认为争议存在的一部分原因是学者们的研究数据和研究设计具有差异性，所以本书在大量相关文献回顾和整理的基础上，利用二手数据重新探索两者之间的关系，以期排除由一手数据带来的主观因素影响，做到科学性和客观性。

（3）探索企业的绿色采购战略与企业绩效之间的内在影响关系，在已有的关于企业绿色供应链和环境战略研究的基础上，本书尝试引入企业运营效率和利益相关者满足以揭示绿色采购战略与企业绩效的内在关系。其中，运营效率为中介变量，利益相关者满足为调节变量。

第三节　研究方法与技术路线

一、研究方法

本书首先采取理论研究和实证研究相结合的方法对研究问题进行分析和解释。在文献回顾和整理的基础上提出研究问题、界定研究对象并在理论推演的基础上提出研究框架和基本假设，其次用内容分析法对自变量进行数据整理并通过对企业年报等的数据挖掘得到其他变量的数据，最后通过数理统计方法检验模型验证假设。具体方法如下所述：

（1）文献研究与理论分析相结合。文献研究是通过全面搜集、鉴别和分析相关文献资料，进而挖掘事实和证据、搜寻发展趋势和规律的一种研究方法。本书在查找、回顾与研读大量国内外绿色采购战略相关经典研究文献的基础上，通过进一步思考、归纳和提炼现有文献的研究思路、方法和理论进展，探寻本书的理论支撑和创新突破，为本书的研究设计、研究模型的确定和假设提出奠定基础。

（2）内容分析法。本书对自变量的测量采用的是内容分析法，即利用定性形式分析二手数据资料，通过对信息内容的分析，识别关键语句，提取所需要的变量信息，通过编码转化成定量形式的数据，并用于统计分析。内容分析法作为一种较为客观的研究方法，通过对文献内容"量"的分析，找出能反映相关文献内容的本质而又易于计数的特征，用数字说明问题，从而解决定性研究的主观性和不确切性的问题，达到对文献"质"的更深刻和精确的认识。

（3）统计分析法。基于前文理论研究形成的研究模型的基础上，本书选取我国 A 股上市公司中发布企业社会责任报告的企业作为初步样本，经过筛选后得到 206 家企业样本，并获取企业 2011 年的截面数据进行统计分析，借助的软件工具是 SPSS18.0，运用层级回归法等对变量之间的因果效应、中介效应以及调节效应进行检验。

（4）案例研究法。本书选择了深圳市具有典型意义的实施绿色采购的企业，进行了实地案例研究，通过圆桌会议和访谈调查等方法，深入了解企业实施绿色采购的新模式以及对企业发展产生的影响，以期进一步支持数据分析得到的结论。

二、技术路线

本书主要包含三个阶段，技术路线如图 1-1 所示。

第一阶段：研究设计阶段。通过对实践背景，即企业实施绿色采购遇到的现实问题的分析，结合理论背景的分析，确定本书研究的主题和目的。根据提出的研究问题，进一步有针对性地搜集、阅读和整理绿色采购相关的文献，并通过对相关的理论进行分析提出本书的研究框架和研究假设。

第二阶段：数据处理阶段。参照国内外绿色采购战略与企业绩效的实证研究，确定了本书研究的数据测量工具，并进行数据的收集与整理。具体来说，在文献分析和专家讨论的基础上，确定了自变量（绿色采购战略）的分类维度和测量关键点，进而收集企业的社会责任报告、可持续发展报告以及网站资料等二手资料并对其进行编码分析，得到量化的研究数据，用于测量自变量；而对于其他变量的测量，则是借鉴学者们已有的相关研究，通过收集企业年报、财务报告以及利用一些金融资讯类网站，进行数据挖掘，获取其他变量测量的二手数据。

第三阶段：数据分析和假设检验阶段。首先，通过相关分析和回归分析等探索企业基于产品的绿色采购战略和基于流程的绿色采购战略、企业运营效率、企业绩效之间的关系，以及利益相关者满足对以上路径的调节作用；其次，结合案例对研究结果做出合理的解释，阐述研究的贡献和价值所在，总结本书的研究局限，提出未来可能的研究方向。

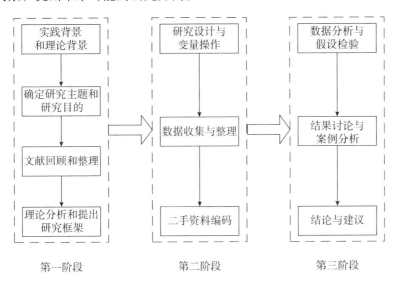

图1-1 研究技术路线

第四节 研究结构

基于以上的研究问题和技术路线，本书的结构安排如下：

第一章为绪论部分，本章首先介绍了研究的实践背景和理论背景并提出要研究的问题，即绿色采购战略与企业绩效的内部关系研究，在关键概念界定的基础上确定本书的研究范围和内容，然后阐述了本书的方法论、技术路线及结构安排。

第二章为文献综述部分，就本书研究主题所涉及的因素内容和相互关系的已有研究进行分析和总结，明确已有研究存在的问题和借鉴意义。具体来说，对企业绿色采购战略、运营效率、利益相关者满足的相关研究，以及绿色采购与运营效率和利益相关者满足、企业绩效的关系等研究文献回顾，阐述主要的研究结论并进行对比分析，并且每部分文献分析后面都附加了对以往研究的意义和不足的评价，为本书的探索方向打下坚实的基础。

第三章为构建研究框架和提出研究假设部分。根据在本书初始提出的研究问题，结合第二章文献回顾和整理发现的差距和借鉴意义，阐述了企业绿色采购战略与企业绩效之间的内在关系。在论述研究基础后，构建了本书的核心研究框架，厘清了各变量之间的关系并提出了具体的研究假设。

第四章为数据收集和研究变量测量部分。主要介绍数据收集的方法和来源，并对样本数据的分布特征进行了简单描述，进而详细阐述了自变量、中介变量、调节变量、因变量的测量方法，其中对于自变量（绿色采购战略）的测量方法是本书研究的创新点之一。

第五章为数据分析和假设检验部分。本章主要运用基本描述统计分析和相关分析，这是假设关系验证和结果讨论的基础，通过对研究方法进行信度检验后，运用层级回归分析对样本数据进行主效应、中介效应和调节效应验证，阐述了研究模型的检验结果，并对结果做了详尽的分析。

第六章为整体模型和假设检验结果的讨论部分。对第五章的研究结果做了分析，分析得到验证和未得到验证的假设，并结合相关理论、学者们已有相关研究以及本书的研究设计等分析假设未得到验证的原因。在此基础上，通过引入深圳市企业实施绿色采购的案例分析，进一步支持本书的相关结论。

第七章为结论与建议部分。首先对本书的研究基本结论进行总结，其次分别从理论和实践的角度阐述了本书的创新点，并结合简单的案例分析给出了实践管理和政策方面的一些建议，最后指出了研究的局限性和未来的研究方向。

第二章　文献综述

本章旨在阐述研究选题的理论背景和研究价值,分别对绿色采购研究相关理论文献进行回顾和整理,在此基础上明确了企业绿色采购研究领域的研究现状和一些不足,并且为本书的总体研究框架和理论假设的提出奠定了理论基础,本书的综述思路如图 2-1 所示。

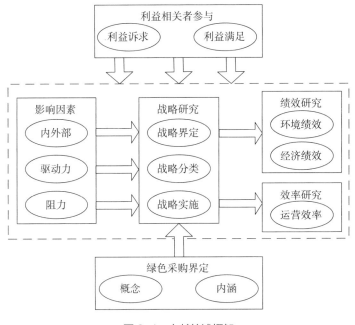

图 2-1　文献综述框架

由图 2-1 可以看出,已有学者关于绿色采购的研究主要分为四个部分,即绿色采购的界定和战略研究(绿色采购战略的界定、分类以及实施)、绿色采购战略实施的影响因素研究(内外部因素、驱动力因素、阻力因素)、绿色采购战略与企业绩效(环境绩效、经济绩效)和运营效率的关系研究以及利益相关者参与的影响研究。

第一节 绿色采购研究评述

一、绿色采购的界定

绿色采购的研究源于企业，即研究企业在进行生产经营活动时，其采购行为如何达到对自然环境负面影响的最小化。20 世纪 70 年代，西方一些学者提出要将社会责任融入到企业的生产经营活动中，而不能简单地追逐最大化的经济利益。绿色采购的研究立足点是如何对传统采购实施环境管理，这是一个比较新的研究课题，绿色采购到底是什么，不同学者给出了各自的定义。

Jacqueline 等（1995）从企业的视角出发，他们认为，供应链中原材料采购等各个环节都会损害自然环境，应当从原材料的购进到产品的使用等各环节进行绿色保护。在这些环节之中，绿色采购是指选择绿色供应商，购买绿色原材料，是实现整个供应链绿色的首要措施，因为它从源头做起，保护自然环境。同一年，Carter 认为绿色采购是企业购买循环可再用的原材料，支持企业的绿色生产，减少对环境的破坏以及其他环境友好型的采购活动。其中循环和再利用可以使资源使用更加有效。并且减少资源使用的内涵大于再利用（reuse）和循环使用（recycling），而再利用和循环使用之间是不矛盾的。

Min 和 Galle（1997）认为绿色采购不是一个简单的战略行为，他们研究了绿色采购的发展趋势和应用问题，他们提出绿色采购是企业处理环境问题的有效手段，并提出实施绿色采购会增加企业各种成本以及减少企业合格供应商的数量。从绿色供应链角度看，绿色采购作为构成环节之一，其目的是使用过原材料的循环再利用以及各种资源的减量使用，这些均需要采购部门参与企业的各环节（Carter and Carter，1998）。Zsidisin 和 Siferd（2001）提出绿色采购是企业以保护环境为原则，制定一套采购方法和流程，具体包含：选择和评价绿色供应商，采用绿色包装原材料，实现原材料的循环再利用以及对废弃物的绿色无害处理。可以说，绿色采购作为绿色供应链管理重要的一环，而且已经被制造业内的领先企业所意识到，成为其提高环境绩效的重要手段之一（Liu Bin and Zhao Rong，2008）。

陈杰（2003）在研究生态供应链环境下绿色采购和绿色监管时，提出了绿色采购的定义：绿色采购是指在经济合理的前提下，经由生态设计、与生态供应链其他组成部分的协调合作，努力使绿色采购对环境的影响达到最小化。其中，与采购有关的活动包括参与生态型设计、指导供应商改善环境、回收再利用和资源的减量使用、有害原材料的减量使用或替代使用以及包装材料的绿色革新等。在生态供应链环境下，绿色采购要求企业减轻采购行为产生的环境影响，同时还要求企业确保采购的原材料在全生命周期内的环境影响最小；赵清华和朱庆华（2005）在研究绿色供应链管理时，给出了类似定义：绿色采购就是企业在采购时必须选择环境友好型原材料，即能否达到循环再利用以及无害化处理等。

刘彬（2008）认为绿色采购需要企业各个部门的协商决策来制定具体的战略，即将环境因素融入企业采购实践中，减少采购损耗成本、废料处理成本等措施，具体内容有绿色供应商选择和评价、与采购相关的绿色设计与制造、绿色包装与物流、提高原材料利用率以及废物无害化处理等。类似的定义还有侯方淼（2007）以及刘彬和朱庆华（2009）的研究，从与供应商合作的角度出发，认为绿色采购是指通过与供应商的紧密合作，做到从原材料获取和生产、包装和运输以及到最终的报废处理整个周期中对环境负面影响最小化。

郭宝东（2011）指出绿色采购是通过优先购买和使用环保产品或服务，减少对环境有害的影响因素，最大程度降低或消除在产品的设计、制造、运输、使用、处理和回收利用等过程中对自然环境的不利影响。其中，环保的产品和服务包含：能源和资源的节约，产生废物和污染物排放的减少，由可回收材料制成的产品，可重复使用的产品以及可再生能源等。此外，实施绿色采购的企业必须打破原有的企业内部管理模式和流程（Gordon Murray，2000），并需要对员工进行绿色培训以提高其环保意识（王建明等，2003）。

可以看出，关于绿色采购的界定主要有两种不同分析视角，一种是从采购对象来界定绿色采购，Carter等（2000）提出绿色采购是采购可再利用、再循环的物料，涉及生产中较小破坏环境的产品，和其他降低资源使用、再利用、再循环的物品采购活动；赵清华和朱庆华（2005）在研究绿色供应链管理时，提出绿色采购就是企业在采购时必须选择环境友好型原材料；另一种界定更侧重于采购中的管理性行为，即绿色采购不仅指的是采购环境友好、低资源消耗的原料或产品，更是一种协调、规约的行为。其中，已有研究提及最多的是进行绿色供应商的评估和选择（Noci，1997；Zhu and Geng，2001；Rao，2001；Vachon and Klassen，2006；Zhu et al.，2007；刘彬，2008；Gimenez and

Tachizawa，2012；Govindan，2013），Carter 和 Carter（1998）考虑了绿色采购是供应链的一部分，提出绿色采购是为了推动回收、重复使用和资源的减量使用，采购部门参与供应链管理的各种行动；Zsidisin 和 Siferd（2001）则认为企业实施绿色采购就是要在充分考虑对环境影响的前提下，制定一套采购原则、方法和程序。此外，还有研究同时兼顾上述两者，比如有研究同时关注产品的采购以及企业与供应商、客户的协作问题（Ji，Ma and Li，2014），还有研究将绿色采购分为采购材料和商品的绿色化、物流相关环节的绿色化等环节（陈杰，2003；侯方森，2007）。

本书从全局性、流程化的视角出发，对绿色采购进行了界定：绿色采购是对目前采购运作方式的延伸，起始于绿色设计，即在产品设计时要考虑原材料的选择会对环境产生的影响，引入供应商技术人员、其他职能部门人员共同协商制定具体采购规划；贯穿于绿色生产，主要包括对供应商原材料生产和企业产品生产的动态监控，保证产品生产过程的绿色化；体现于绿色营销，即将绿色采购理念融入产品的销售过程，制定绿色价格、建立绿色渠道，满足客户的绿色消费需求，打造企业绿色品牌形象。此外，还包括一些辅助性的活动，比如绿色物流等。

二、绿色采购战略分类

到目前为止，绿色采购战略具体包含的内容还没有一个统一定论，学者们从不同视角出发，给出了多种绿色采购具体战略。Lamming 和 Hanson's（1996）将绿色采购战略分为供应商调查、企业拥有环境管理体系、产品的生命周期评价、产品（安全）管理以及与供应商的协作五个方面；Noci（1997）研究了绿色采购中供应商的选择、评价体系，并将企业的环境战略分成被动反应型和主动积极型的环境战略，还根据这两种战略分别提出了相应的供应商选择和评价策略。Noci 的研究结果表明：企业的整体环境战略决定了采购中供应商选择和评价的策略，进而决定了衡量供应商环境管理能力的指标。此外，Noci 还指出运用 AHP 工具进行绿色供应商的选择和评价是一个有效的方法；Min 和 Galle（1997）将绿色采购战略分为源头削减和废物处理两个模块，并且阐述了绿色采购对企业供应商选择产生的影响。

Zsidisin 和 Hendrick（1998）通过对比德国、英国和美国的采购职能数据，试图阐述采购在企业环境管理中发挥的重要作用，研究结果表明采购与供应链经理能够影响企业的环境管理绩效。在研究中，他们将绿色采购战略分为四个维度，即有害材料处理、投资恢复、产品设计以及与供应商的关系。

Carter 和 Carter（1998）在研究消费品行业企业绿色采购的组织间影响因素时，第一次从实证的角度对绿色采购行为进行研究，并开发了绿色采购的测量量表，即绿色采购活动包含五个方面：采购可回收的包装材料、采购低密度包装材料、对采购的产品和包装进行全生命周期评价、参与采购产品的设计流程、要求供应商遵循减少废物的目标。

Green 等（1998）以英国的硬件零售商 B&Q 为例，详细地阐述了采购部门如何采取行动来改善企业的环境管理能力。研究结果表明，当采购商对供应商具有强制力时，采购商可以强迫供应商采取环境管理行动；只有在项目研发的早期考虑环境问题才能帮助企业真正实现绿色目标；"精细供应"有助于消除供应链中的废物，从而使供应链中的所有节点企业都从中受益；能够增加整个供应链环境意识的采购策略是督促 B&Q 和它的供应商追随其行为带来的环境影响。作者研究了 B&Q 的绿色采购策略，详细分析了 B&Q 公司的供应商评价系统的十条原则，指出供应商—采购商的关系是决定绿色采购战略能够成功的一个重要影响因素，并且分析了环境采购和创新的关系。

Hamner 和 Rosario（1998）对企业的绿色采购活动进行了总结，具体内容如表 2-1 所示。Walton 等（1998）采用案例分析的方法对美国家具行业中的五个企业进行了研究，结果表明采购部门可以在以下五个方面对企业的环境友好实践施加影响：用环境友好的设计方法来选择原料、参与产品设计、供应商过程的改进、供应商评价和内向物流的优化。

表 2-1　绿色采购活动总结

类别	实践活动
产品标准	采购环境友好型产品，如可循环使用的材料和无毒材料
	采购能够证明环境友好型属性的材料，如具有生态商标的材料
行为标准	要求供应商公布他们的环境实践、污染处理等信息
	审计供应商来评价其环境绩效
	要求供应商实行环境管理体系
	要求供应商获得公认的环境管理体系，如 ISO14000
合作	与供应商合作，通过改变产品设计和材料使用来帮助他们减少环境影响
	对产品生命周期的各个阶段都实行产品系列化

类别	实践活动
发展	对供应商进行培训，增加他们对企业潜在环境问题以及自身实践的认识
	及时传递与供应商运作相关的技术发展信息

资料来源：B Hamner，T Rosario. Green purchasing：A channel for improving the environmental performance of SMEs. [A] // [Z] OECD, Globalisation and the Environment：Perspectives from OECD and Dynamic Non-Member Countries. Paris：OECD，1998.

Rao（2002）通过对东南亚几个国家的调研分析，研究了供应商的"绿化"问题，包含了阻力和动力分析、采取的战略分析等，最终提出了在采购战略中对供应商"绿化"的九种方案：给供应商举办环保培训会、帮助和指导供应商建立环保项目、与供应商分享知识和问题、告知供应商环保生产技术的好处、促使供应商实施环保行动、通过环境标准选择供应商、要求供应商接受环保行为、设置专项资金帮助供应商的环保活动、选派监督者对供应商环境行为进行奖惩管理。

陈杰（2003）通过对比绿色采购与传统采购，给出绿色采购的四个维度：绿色原材料的采购，生态供应链环境下供应商的开发、选择和评价，内向物流的优化和自制，外包决策的制定。正如生态供应链是对传统供应链在环境管理能力方面的改进一样，绿色采购也是对传统采购的改进，它同样包含传统采购的内容，区别是采购经理在执行传统的采购功能时必须对采购行为的环境影响加以考虑并采取措施减少对环境的影响。

Vachon 和 Klassen（2006）将绿色采购战略分为供应商的环境监督以及与供应商的环境协作；Hamner（2006）研究了采购商的绿色采购战略对供应商行为的影响。以采购商的努力程度为横轴，以对供应商行为的影响为纵轴，提出了 11 种不同层级的绿色采购战略，即采购商采取不同的绿色采购战略需要付出不同的努力和成本，进而会对供应商的环境行为产生不同的影响，在两者之间存在着制衡作用。

Qinghua Zhu 等（2007a）以中国汽车制造业为对象，研究了绿色供应链管理的压力、实践以及绩效影响，将绿色供应链实践分为内部环境管理、绿色采购、与客户进行环保协作、投资恢复以及绿色设计。其中，绿色采购实践分为了五个方面：给供应商设置特定的绿色采购要求、与供应商协作完成环保目标、对供应商的内部管理进行环境监督、要求供应商通过 ISO14000 认证以及对供应商的供应商进行环境友好行为的评估。

　　侯方森（2007）以降低资源消耗和废物产量为宗旨，将绿色采购战略分为两个维度（见图 2-2）：一是采购材料和商品的绿色化，即企业应当选择对环境负面影响最小的原材料和商品；二是物流相关环节的绿色化，即减轻和消除采购相关活动对环境产生的负面影响，包括绿色包装和运输、绿色生产和流通加工以及实施逆向物流。

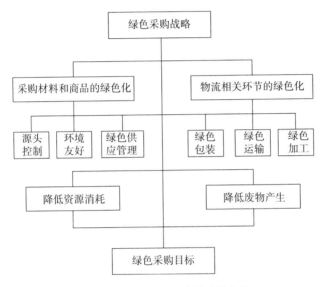

图 2-2　企业绿色采购战略的内容

资料来源：侯方森.绿色采购研究［D］.对外经济贸易大学，2007：48-50.

　　Liu Bin 和 Zhao Rong（2008）在研究中国制造业的绿色采购实践对企业绩效的影响时，通过探索性因子分析得到了绿色采购实践的五个维度，即供应链管理、生态设计、运营管理、外部环境管理以及环境认证。

　　Eltayeb 和 Zailani（2009）以马来西亚通过 ISO14001 认证的企业为样本，研究企业如何通过绿色供应链管理达到环境可持续发展。通过数据分析，发现马来西亚企业的绿色供应链行为大体分为绿色设计、绿色采购以及逆向物流，实施最多的是绿色设计，其次是绿色采购。其中，绿色采购实践活动是基于以往学者的研究进行综合得到。

　　本书对学者们提出的绿色采购战略维度进行详细对比研究发现，有的是产品导向型战略，还有的是流程导向型战略，或者是两者兼有，基于此，本书提出了绿色采购战略新的分类维度，即基于产品的绿色采购战略和基于流程的绿色采购战略。基于产品的绿色采购战略是指企业以产品的绿色为导向，从采购、生产到最终的废弃物处理全过程中，保证产品的绿色，包括绿色原材料和包装的采购、企业自身产品的绿色以及废料、使用过原材料的再利用等；基于流程的绿色采购战略是指以流程的绿色为导向，将绿色理念融入到企业的采购流程以及自身的日常运营中，包括供应商的绿色信息调查与评价、企业自身的环境管理体系构建以及供需双方的绿色合作等。关于绿色采购战略的详细维度研究将在第三章给出。

三、绿色采购战略实施

首先，绿色采购战略的实施包括多个环节，如绿色材料的选取，产品设计，对绿色供应商的选择与评估，绿色生产、运输和分销，包装、销售和废物的回收等，实施过程会受到多种因素影响。Holmes（1994）指出了在实施绿色采购战略过程中，企业可能会遇到的一些问题，比如如何保证采购的效率、如何界定环境友好型产品、如何应对原材料价格上涨、企业所在市场竞争类型、如何选择绿色供应商等，并通过调研分析得到 B&Q 在采购中遇到的主要问题是供应商缺乏环境意识以及对环境问题的理解不足，进而导致缺乏进行环境管理的动力。Sarkis（1995）指出为了成功实施环境管理，在管理采购商和供应商之间关系时，需要考虑一些因素，比如建立长期战略关系，能够尽早介入供应商的产品设计与生产流程，与供应商协商解决环境保护有关问题。

其次，绿色采购战略的决策过程需要考虑多种因素的影响，学者们给出了不同的决策方法和模式。Sarkis（1999）详细介绍了绿色供应链，包括采购、供应商选择、生产、物流以及仓储等几个方面。其中，给出了绿色采购的几点策略并且分析了绿色采购实施比较好的几家企业。Johannson（2001）研究绿色采购与绿色生产之间的关系，并试图通过质量管理将两者结合起来。文章较为详细地分析了可持续发展的重要性以及绿色生产、绿色采购的意义、如何实施、未来发展等，最后引入了质量管理结合论述两者；Lutz Preuss（2001）研究在污染供应链中，企业绿色采购的乘数效应，详细分析了造纸业、化工以及电子制造三个行业的绿色采购战略实施情况。研究发现，除造纸业、化工以及电子制造外，绝大多数行业没有主动进行绿色采购，原因有两点：一是采购部在企业中处于反应者地位；二是绩效评价大多数注重经济绩效。Kaiser 等（2001）从生命周期理论和绿色采购视角切入，研究医疗垃圾处理问题。研究发现，医疗垃圾的处理，分为上游和下游两个入手点，上游包含实施绿色采购、供应商评价、制定新的采购政策等，下游主要是垃圾的后期处理。

最后，学者们从整体出发，给出了绿色采购战略的实施框架图。Sarkis（2003）运用 ANP 方法，提出了企业绿色供应链管理的一个战略实施框架。文章提出了影响战略决策的几个维度：产品生命周期、企业生产流程、组织绩效测量以及环境意识行为，在此基础上，提出了绿色供应链的几种替代方式，比如在企业内部和外部推行全面质量管理。此外，他认为企业不同阶段的绩效考核标准是不一致的，在开始阶段，柔性和时间更重要；进入成熟环境后，成本效率则更为重要。张彩虹（2004）指出绿色采购战略实施需要企业通过各部门之间的沟通与合作，协商决定采用何种产品、服务以及与供应商的合作模式，通过采购环境友好的材料，提高材料的再利用率，同时使用可无害化处理的包装材料以及提高包装回收率等，降低各种相关成本。Chen（2005）通过将绿色采购与 ISO14001 结合，重新定义了绿色采购的整个实施过程。文章提出了一个绿色采购框架图，主要包括定义绿色采购的目标、计划、实施、审核四步，并详细描述了每一步的战略。

Kyung An 等（2008）通过一个日本公司遵从 RoHS 的案例研究，提出了一个绿色供应链管理的框架。生产商和供应商之间的协作关系对于 GSCM 成功至关重要，而协作关系的形成需要三个要素：GSCM 政策的共享、信息共享、共同行动，如图 2-3 所示。Schwartz 等（2008）以旅游业为研究对象，提出了一个可持续供应链管理的框架，大体分为企业参与、制定 SSCM 政策、将政策导入企业经营中、制定供应商评价基准、制订和实施计划、监管和总结实施六个流程。

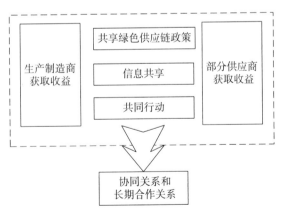

图 2-3 绿色供应链管理概念框架

资料来源：Hee Kyung An，Teruyoshi Amano，Hideki Utsumi，Saburo Matsui. A framework for Green Supply Chain Management complying with RoHS directive［J］. CRR Conference，2008：1-14.

第二节　绿色采购战略影响因素研究

　　绿色采购是一项非常复杂的工作，其复杂性不仅体现在绿色采购本身包含的内容很多，还体现在能够影响绿色采购实施以及实施效果的因素数量。可以说，绿色采购是一个多因素共同作用的结果。在影响绿色采购的众多因素中，既有来自企业外部要求企业实施绿色采购战略的驱动力以及阻力，也有来自企业内部要求本企业实施绿色采购战略的驱动力以及阻力，是不是所有的这些因素都会对企业绿色采购战略产生影响？不同的因素影响程度是否相同？究竟哪一类因素对企业绿色采购战略的影响最大？这些问题就是这部分讨论的重点。

　　Gunther 和 Scheibe（2006）从企业内外部的视角出发，对影响企业采购决策的各种因素进行了总结整理，其中内部因素具体分为战略层次和战术层次，外部因素包括政府、消费者以及市场等。本书在其提出的采购决策影响因素框架的基础上，提出了企业实施绿色采购战略的影响因素图，如图 2-4 所示。

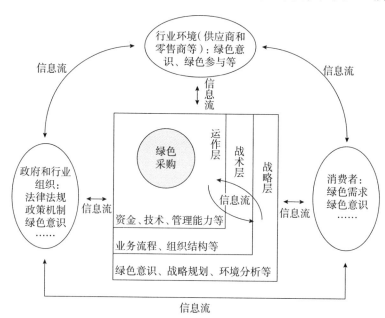

图 2-4　企业绿色采购战略影响因素

国外有很多学者分析了对企业环境战略产生影响的各种因素，例如 Henriques 和 Sadorsky（1996）认为影响企业环境管理的因素包括：政府、公共团体、合作伙伴、雇员、股东、公司的财务状况、对环境问题的态度、公司的规模和行业的规制等。基于已有学者的研究，本书从两个维度进行绿色采购影响因素的回顾，即企业内外部分类的角度以及驱动力、阻力分类的视角。

一、内部和外部因素研究

根据影响因素的来源划分，可以把影响企业绿色采购的因素划分为来自企业外部的影响因素和来自企业内部的影响因素。通过对来自企业外部的因素进行分析，能够帮助企业管理人员了解和掌握外界对企业的要求，进而有针对性地采取相应措施；通过对来自企业内部的因素进行分析，有助于企业管理人员把有限的资源运用到最关键的部分，达到资源利用效率最大化的目的。

回顾近十年的国内外学者的研究发现，来自企业外部的影响因素包括政府、竞争者、供应商和客户等，来自企业内部的影响因素包括中高层管理人员的支持、企业战略规划的支持、资金和技术的成熟等。但是，不同的学者对于来自企业内外部的影响因素存在不同的观点，有的学者认为每个企业的绿色采购战略只受到一种因素的影响，也有的学者认为同时会有多个因素对绿色采购战略产生影响。造成这种现象的原因主要在于绿色采购的相关研究开始时间比较短，许多学者的研究都是围绕某一企业的实践开展的，而不同的企业都有各自实际情况，所以学者们选取不同企业作为研究对象对同一问题或现象进行解释，自然会出现结果的差异性。此外，实证研究对样本的依赖性比较大，研究人员在进行问卷调研获取数据时，选取的样本不一样以及问卷设计的不同都会导致得出不同的结论。

1. 企业外部影响因素分析

从已有学者对绿色采购外部影响因素的研究来看，一般包括供应商、客户、政府、竞争者、当地社区、外部债权人、市场等，其中，Carter 和 Carter（1998）的研究比较详细，被后来很多学者所引用。他们以消费品行业为样本，研究决定企业绿色采购的外部影响因素，将上述因素划分为输入、输出、政府管制以及市场竞争四个模块，并构建了一个分析模型，如图 2-5 所示。

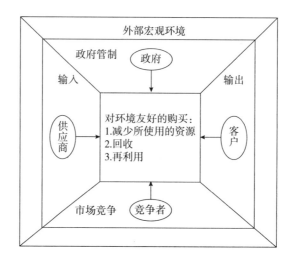

图 2-5　绿色采购外部影响因素分析模型

资料来源：Craig R. Carter，Joseph R. Carter. Interorganizational Determinants of Environmental Purchasing：Initial Evidence from the Consumer Products Industries［J］. Decision Sciences，1998，29（3）：659-684.

在 Carter 和 Carter（1998）提出的众多影响企业实施绿色采购战略的因素中，供应商、消费者以及政府是企业重要的利益相关者，首先，企业对供应商管理是企业成功实施绿色采购战略的保障，供应商的产品生产、流通等过程在消耗资源的同时，会对环境产生影响，因此供应商本身是否重视产品生产和供应中的环境影响和资源利用效率，将会直接关系到企业采购的绿色化。其次，企业的绿色采购战略需要供应商的积极配合，绿色采购的管理流程是以上下游之间的协商与合作展开的。再次，客户（消费者）对于企业绿色采购战略的意义显而易见，客户是企业资金的重要来源，企业必须满足消费者日益增长的绿色产品需求，对自身生产模式进行调整。CAO Qing-kui 等（2007）从认知心理学角度出发，运用基于马尔可夫链和集对分析的方法，从顾客满意的视角出发，研究绿色采购的动态决策过程。研究发现，在不同时期，顾客满意度是动态变化的，这也会直接影响企业绿色采购的具体决策，企业应该根据顾客满意的变化，制定适当的绿色采购决策。最后，政府是通过投入政策性资源等对企业绿色采购战略产生影响，我国政府绿色采购尚处于起步和发展阶段，企业之间的绿色采购更需要政府的干涉，即对企业绿色采购进行示范和引导。

此外，实施绿色采购战略需要企业进行技术革新，加大研发投入，在市场制度不健全、市场化进程较差的地区，企业主要是从多种非市场化的因素中获取竞争优势，因为技术的重要性相对较低。良好的外部制度环境可以促进企业加大 R&D 投入，进而提高技术创新能力。企业持续提高创新优势的源泉应包含较高的市场化程度、良好的法制和融资环境以及公平的产品市场环境。

Carter 和 Carter（1998）采用调查研究的方法（survey methodology）收集了数据对影响企业绿色采购战略外部因素的分析进行了探索性研究，研究结果表明，客户是对企业绿色采购战略影响最大的因素，而不是人们直觉认为的政府因素。值得注意的是，Carter 和 Carter 的研究存在一定缺陷，即研究数据是通过调查方法获取，研究结论会受到数据来源的影响。值得一提的是，Carter 和 Carter 研究的背景是西方发达国家，而像中国一样的发展中国家的经济水平相对较低，人们对环境污染问题等的重视不够，企业则以快速发展为宗旨，忽略了其快速增长背后的质量问题。因此，在这些国家里，政府部门仍是企业在生产运营过程中，进行环境治理的重要影响因素之一。

2. 企业内部影响因素分析

已有学者对影响企业绿色采购行为的内部因素研究中，Carter 等（1998）的研究值得详细介绍，文章分析了绿色采购在企业和供应链层面发挥的作用，探索企业内部影响绿色采购实施的几个因素，并展示了德国与美国绿色采购情况的不同。具体来说，他们的研究分为两部分：第一部分的研究目的是分析影响来自企业内部的、影响企业实施绿色采购的因素；第二部分的研究目的是找出造成美国和德国企业实施绿色采购影响因素的差异。研究结果发现：在德国和美国数据中，高层的支持、绿色使命陈述、采购经理的绿色评价均与企业采取绿色采购战略呈正相关关系，其中，德国数据中，对采购经理的培训也呈现正相关关系。为了形象起见，将其假设和结论用图 2-6 表示出来。

在图 2-6 中，实线椭圆表示对企业绿色采购战略有显著影响的因素，即中层管理人员的支持和参与、设定清晰的绿色采购目标和对采购人员的培训；而虚线椭圆则表示没有显著影响的因素，即高层管理人员的支持、在企业使命中加入环境因素和对采购经理的绿色采购行为评价。Carter 等是采用问卷调查的方法获取数据，并通过回归分析得出上述结论的。

在发展中国家，首要任务就是发展经济，大多数企业领导人盲目追求经济发展的速度，忽视对环境的损害，不具备经济的可持续发展能力，环境保护问题一直跟不上经济发展的速度，环境问题只是到了近十年的可持续发展观的提出才引起了企业高层重视。企业中高层管理人员的支持是促进企业实施绿色采

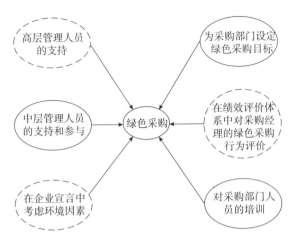

图 2-6　绿色采购内部因素分析模型

资料来源：Craig R.Carter. Interorganizational Antecedents and Determinants Of Environmental Purchasing：An International Comparison［J］. A Dissertation Presented in Partial Fulfillment of the Requirements for the Degree Doctor of Philosophy，1995（17）.

购战略最重要因素之一，在企业的使命中考虑环境问题、设定清晰的绿色采购目标和对采购经理的绿色评价这些因素均体现了企业的中高层管理人员对环境管理行动的参与和支持。此外，在这些内部影响因素中，中高层管理人员以及员工等都是企业的利益相关者，

　　另一篇从企业内部视角出发研究绿色采购战略影响因素的文章是 Min 和 Galle（2001）的研究，他们通过发放问卷，以美国企业的绿色采购实践为研究对象进行实证研究，发现了影响企业绿色采购的内部因素等。研究发现：企业采购规模、企业遵守法规的重要性感知、企业的资源节约行为与绿色采购战略具有正相关关系，而企业对于环境投入的高成本顾虑与企业绿色采购战略呈负相关关系。

二、驱动力和阻力因素分析

　　Bjorklund（2011）通过研究企业采购绿色运输服务的阻力和动力／压力为切入点，研究商业环境中的权变因素对于环境采购的影响。文章提出了商业环境中能够影响企业绿色采购的十六类因素，包括管理、产品特性、企业形象等，通过因子分析并选取了影响大小和影响类型两个途径分别进行分析,结果发现：大部分因素都是驱动力因素。前面从企业内部和外部视角对影响绿色采购战略

的因素进行了分析，本部分将从企业实施绿色采购战略的驱动力、阻力的视角出发，在大量文献回顾的基础上进行分析。

1. 驱动力因素分析

驱动力因素包含动力因素和压力因素的研究。Khanna 和 Anton（2002）以标准普尔 500 指数的企业为研究对象，分析规制和市场导向的驱动力与企业环境管理实践的关系，他们通过实证研究发现，违法成本高、市场压力、公众压力都会驱使企业实施环境管理体系。Carter 和 Jennings（2004）的研究分析了采购在企业社会责任的角色，提出了基于社会责任采购的组成要素以及驱动因素。研究发现，企业的社会责任采购战略由五部分组成：多样性、环境、人权、慈善和社区、安全。企业实施社会责任采购的驱动因素有很多：以人为本的企业文化、高层管理人员的支持、采购人员的个人价值观、政府法规政策、客户压力、企业规模以及普通员工价值观，研究发现，除了政府法规政策和采购人员的个人价值观对企业的社会责任没有显著影响外，其余要素均有不同程度的影响。

Salam（2007）在 Carter 和 Jennings（2004）研究的基础上进行了拓展，研究泰国企业采购的社会责任的驱动因素。研究发现，企业实施 PSR 的驱动因素中，最显著因素是采购人员个人价值观和组织文化，与 Carter 和 Jennings 研究不同的是，本研究不存在不显著因素，即政府政策和采购人员的价值观也对企业实施 PSR 起作用，主要贡献是在亚洲文化氛围中研究了企业采购的社会责任驱动因素，并且样本数量和覆盖面均有了很大提升。

曲英等（2007）认为由于我国企业环境意识相对较差以及相关法律法规不健全及执法不力，大部分企业还没有真正去实施绿色供应链管理战略。文章在综述国内外绿色供应链管理文献的基础上，从实证角度运用因子分析法、路径分析法以及回归分析，探索影响中国制造企业绿色供应链战略的动力 / 压力因素，研究发现：环境友好包装的成本、有害材料的处置成本、出口、国家环保法规、环境友好产品的成本这五个因素位于影响力排名的前五位，但它们的均值较小，说明中国企业在这些方面的意识和行为都比较薄弱。

曹景山和曹国志（2007）在总结已有文献的基础上，将企业实施绿色供应链管理的驱动因素分为四类：合法要求、市场要求、协调相关者利益和企业社会责任；在此基础上，可以得出与四类驱动因素相对应的"绿色度"递进的四个层次绿色供应链管理概念模型，即合法、市场、相关者以及深层的绿色供应链管理。值得注意的是，四种绿色供应链管理策略没有明确的界限，较高层次策略以较低层次的策略为基础，并随驱动因素增多向更高层次发展。

朱庆华（2008）利用发放问卷进行调研获取中国制造企业的数据，并通过因子分析法探索绿色供应链管理的压力/动力和实践的主要因子。对得到的因子进行相关分析和回归分析，依据统计结果并结合国内外相关研究探讨动力/压力因素是如何影响企业绿色供应链战略，提出了绿色供应链管理的动力/压力影响模型。研究结果发现，企业环境战略、供应链压力以及市场需求与企业绿色供应链战略有正向关系。值得一提的是，虽然法律法规对企业绿色供应链战略影响很小，但是企业本身的法律意识均值最高，其他依次为环境策略、供应链的压力、市场绿色需求以及绿色实践成本。

Mont 和 Leire（2009）以瑞典企业为样本，研究企业的社会责任采购行为的动力和阻力。调研访谈样本包括民营企业和国有企业在内共计 20 个样本，研究发现：在企业社会责任采购的推动力因素中，如表 2-2 所示，利益相关者的压力、组织价值观、政府和媒体关注以及员工关系是影响力最大的因素。

表 2-2　企业社会责任采购的内外部驱动因素

内部驱动力	外部驱动力
降低风险与成本	利益相关者的关注，尤其是政府和媒体
企业价值观、使命	公众的舆论
保护品牌形象	利益相关者压力
与供应商共享企业价值观	需要良好的社会责任实践
给员工提供安全的工作环境	外部评价和排名体系
维持好的员工关系	参与国际社会责任标准的发展
获取竞争优势	公布可持续发展问题的需要

资料来源：Oksana Mont, Charlotte Leire. Socially responsible purchasing in supply chains—drivers and barriers in Sweden [J] . Social Responsibility Journal，2009，3（5）：388-407.

ElTayeb（2010）以马来西亚通过 ISO14001 认证的企业为样本，研究企业实施绿色采购的动力。文章提出了四个动力，即环境规制、顾客压力、社会责任以及预期的收益，通过数据分析发现，社会责任与绿色采购之间没有显著的关系，而其余三个均存在正向关系。

Huang 和 Kung（2010）在前人研究的基础上，探索外部、内部以及中介类利益相关者期望与企业环境信息披露的关系，研究对象为台湾上市公司，研究发现企业利益相关者的要求越高，企业披露的环境信息越多。外部利益相关者如政府、债权人和客户等对企业环境信息披露影响最大，内部利益相关者如股东、员工以及中介类利益相关者如环保组织、审计部门也能影响企业的环境信息披露。

朱庆华和田一辉（2010）以系统动力学为理论基础，建立企业实施绿色供应链管理动力模型，将企业的运营过程分解为动力系统、运营系统和反馈系统，三者共同作用组成了企业绿色供应链管理整个过程，如图2-7所示，动力系统包括外部压力和内部动力；运营系统包括组织结构、资源和能力；反馈系统主要是指企业绩效，包括经济绩效、运营绩效和环境绩效。

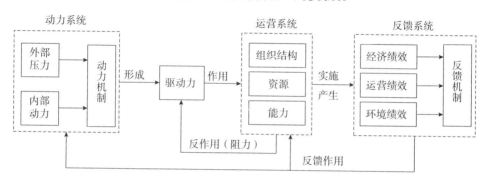

图2-7 企业实施绿色供应链管理动力模型

资料来源：朱庆华，田一辉.企业实施绿色供应链管理动力模型研究［J］.管理学报，2010（5）：723-727.

陈小林等（2010）以深证交易所2002~2006年的2152家上市公司为样本，研究公共压力和社会信任对企业环保信息披露质量的影响。研究发现，来自政府、银行债权人和外资股股东等利益相关者的压力与企业环保信息披露的质量呈正相关关系，而社会信任仅对重污染行业的信息披露质量有显著正面影响。由他们的研究可以看出，企业环保信息披露质量受多方面因素影响，而且会因隶属不同行业而有所差异。

Carbone 和 Moatti（2011）从制度观出发，运用了MCA（多元对应分析）和多元回归方法进行实证研究，分析企业面临的不同制度压力，会产生绿色供应链管理的意愿，然后有针对性地采取不同的措施。研究发现，正式的压力（强制同形）和非正式的压力（规范和模仿同形）均会使企业产生战略意图，改变组织行为，分别促使企业采取开发（exploitation）和探究（exploration）策略，前者追求成本的降低和流程的优化，后者追求创新和差异化。

邓德军和肖文娟（2011）基于利益相关者理论，以石化塑胶行业的上市公司为研究对象，探讨了客户压力与企业绿色环保绩效之间的关系，其中，消费者压力通过虚拟变量测量，即如果企业产品直接面对消费者，则压力相对较大，反之压力较小。研究发现：我国化工企业的环保绩效普遍较低，消费者能够影响企业的绿色行为，企业的环保绩效随着其感知到的消费者压力增大而变好。

Wu 等（2012）以台湾纺织服装制造企业为研究对象，探索了企业绿色供应链管理驱动力与管理实践之间的关系，并进一步探索了制度压力的调节作用，如图 2-8 所示。其中，企业绿色供应链管理的驱动力因素包括组织支持、社会资本以及政府参与，企业绿色供应链管理实践包括绿色采购、与客户协作、绿色设计以及投资回收，制度压力包括市场压力、规制压力以及竞争压力。研究发现：首先，驱动力因素与企业绿色供应链管理实践（投资回收实践除外）呈正相关关系，投资回收只与组织支持呈正相关关系；其次，规制压力具有正向调节作用，竞争压力具有负向调节作用，而市场压力的调节效应不存在。

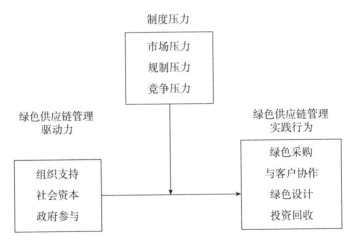

图 2-8　绿色供应链实践驱动力研究模型

资料来源：Guo-Ciang Wu，Jyh-Hong Ding，Ping-Shun Chen. The effects of GSCM drivers and institutional pressures on GSCM practices in Taiwan' textile and apparel industry［J］. International Journal of Production Economics，2012（2）：618-636.

Ayerbe 等（2012）研究了企业经理人感知的利益相关者关注环境问题的压力与企业环境战略主动性之间的关系，并创新性地提出了一个调节变量——企业经理人感知环境问题转化为竞争优势的机会。研究发现，不论在低污染还是高污染的行业，企业经理人感知的利益相关者压力与企业环境战略主动性之间呈正相关关系，而企业经理人感知环境问题转化为竞争优势的机会的调节效应在低污染行业更为显著。

2. 阻力因素分析

虽然我国很多制造企业已经认识到绿色采购的重要性，但与发达国家相比，在具体的实施层面仍存在一定差距，这与我国企业实施绿色采购受到的制约因素较多有关。Min 和 Galle（1997）通过对家具、炼油等多行业的企业进行问卷调研收集了绿色采购实施的相关数据，进一步探索了阻碍企业绿色包装的因素以及实施绿色采购的因素。研究结果表明：成本过高是企业有效实施绿色采购的最大障碍。

Günther 和 Scheibe（2006）运用 Hurdle Analysis 法分析企业实施绿色采购的障碍因素。从采购流程的角度出发分析，结果发现有五个制约因素：没有设置目标缺失、鼓励机制缺失、知识匮乏、信息的难获取性、法律规制的缺失。

颜江（2007）以家电行业为研究对象，分析了企业实施绿色供应链管理的障碍因素，研究发现家电企业面临的障碍主要有成本上升的压力、企业内部流程更为复杂、企业管理要求提升、面临绿色技术瓶颈、绿色观念和制度的障碍、传统供应链的障碍以及外部性与信息不对称，其中信息不对称是最普遍的现象，绿色信息在消费者、销售商与制造商之间的不对称会导致消费者不了解产品的绿色相关信息，而去选择一些非绿色的产品。

葛晓梅等（2008）结合绿色供应链的特点，从内外部环境的角度探讨了制造业企业实施绿色供应链管理的障碍因素，进而提出了促进绿色供应链管理的一些对策。通过调研发现，存在障碍主要有：绿色供应链活动具有外部性影响、绿色供应链管理导致局部低效率而整体高效益、市场奖惩机制不健全、企业环保意识比较薄弱、绿色供应链相关技术缺失。

Mont 和 Leire（2009）以瑞典企业为样本，研究企业的社会责任采购行为的动力和阻力。调研访谈样本包括民营企业和国有企业在内的共计 20 个样本，研究发现：在企业社会责任采购的阻力因素中，如表 2-3 所示，没有足够资源进行供应商监督、很难保证所有供应商执行企业的行为准则、企业文化和管理模式的差异、社会准则低下产生的腐败行为是影响力最大的因素。

表2-3　企业社会责任采购的内外部阻力因素

内部阻力	外部阻力
高层管理人员的不支持	市场不能容纳严格的采购标准
没有足够资源进行供应商监督	很难获取二级供应商的社会责任表现
内部信息搜集的难获取、时间花费久	有关社会责任采购的法律法规的缺失
缺乏知识和时间建立专业的采购标准	很难保证所有供应商执行企业的行为准则
实用工具和最新信息的缺失	企业文化和管理模式的差异
缺少不同采购单元间的协作	社会准则低下产生的腐败行为

资料来源：Oksana Mont，Charlotte Leire. Socially responsible purchasing in supply chains—drivers and barriers in Sweden［J］.Social Responsibility Journal，2009，3（5）：388-407.

梁凤霞（2009）提出我国存在许多制约绿色供应链管理体系发展的因素，包括企业内部因素，比如成本和收益的困扰、供应链其他成员企业关系的维持；以及企业外部因素，比如供应链实施绿色管理的思想没有普及、物流方面的法律制度不健全、没有形成成熟的物流标准等。

邓琳娜（2010）指出中国企业在实施绿色供应链管理方面存在着内部制约和外部制约等不利因素，其中内部制约因素包括：环保意识淡薄、机构设置不合理、导致部门间缺乏合作、生产管理水平相对落后、企业末端治理代价高、绿色技术与生产实践方面的差距等；外部制约因素包括：供应链实施绿色管理思想没有得到普及、物流相关法律法规不健全、缺少成熟的物流标准等。

朱庆华和田凤权（2011），运用统计分析中的因子分析识别出我国实施绿色政府采购的制约因素，包括绿色政府采购法律法规缺失、采购者的绿色环保意识匮乏、财政经济的限制和绿色采购技术的缺乏等，进而通过相关分析和回归分析发现：政府法律法规缺失对绿色政府采购的影响最大，而采购者的绿色意识和思想是绿色采购的关键。

张松波和宋华（2012）从绿色采购决策影响因素出发，在相关文献研究分析的基础上，通过与专家小组（国内制造领域绿色采购专家以及该领域研究学者）的进一步交流和讨论，逐步确定了影响企业绿色采购的11个主要制约因素，如表2-4所示。进一步通过采用解释结构模型（ISM）深入剖析了制约因素之间的内在影响机理，确定了它们在其构成的绿色采购复杂系统中的秩序和方向，构建了制约因素解释结构模型图。

表2-4 企业绿色采购制约因素

序号	因素	所属影响类别
B1	高层管理对绿色采购支持力度不够	企业战略层
B2	基于实施绿色采购成本/收益的顾虑	企业战略层
B3	缺乏绿色采购的价值认识	普遍存在
B4	企业战略规划不支持	企业战略层
B5	绿色需求信息传播障碍	信息传播
B6	政府相关法规缺失或监管不严	政府和行业组织
B7	绿色采购鼓励机制不足	政府和行业组织/行业环境
B8	缺少行业绿色采购实施及考核标准	政府和行业组织
B9	供应商和销售商等不愿配合	行业环境
B10	绿色采购实施的资金和管理能力缺失	企业运作层
B11	企业不愿改变自身及供应链的组织结构	企业战术层

资料来源：张松波，宋华.企业绿色采购制约因素内部机理研究［J］.商业研究，2012（2）：119-127.

第三节　绿色采购战略、运营效率及企业绩效

一、运营效率研究评述

过去几十年关于企业运营效率的研究，国内学者主要是应用主成分分析等统计学基本方法，对上市企业样本进行分类研究，将具有类似特征的公司划分为相同类别，并进一步研究影响企业运营效率的各种因素。还有一些学者将数据包络分析等方法运用到企业的运营效率评价中，通过模型结果计算分析企业运营效率低下的深层原因并提出改进措施。

1. 运营效率内涵研究

长期以来，企业的经营效率都是学者的研究主题之一，运营效率属于效率

的一种，是由企业效率演变而来。在理论经济学研究中，效率通常是指帕累托效率，它与经济中所有成员的福利状况紧密相连，即通过整个社会中生产者福利和消费者福利之和来反映整个社会经济效率的高低。企业层面的效率研究，Daft（1998）通过运用企业目标及组织有效性概念探讨了组织效率概念。企业目标是企业在未来一定时间内期望达到的状态，它反映了企业存在的原因和追求的结果；组织效率与组织的有效性不同，组织的有效性是指一个企业实现其预期目标的程度，而组织效率是指每单位产出所消耗的投入资源的数量，可以用投入产出率进行衡量。Daft 认为，组织效率高不一定能够实现组织目标，因为企业生产的产品可能不被市场认可，价值无法实现；反之，如果企业实现了预期的目标也不代表企业具有很高的组织效率。

企业运营效率代表一个企业运营管理的生产力水平，一般相对比较稳定，可以从历史数据进行简单的预测，运营效率的提高能够提升企业的转移价值，一般通过资源利用率度量（Wang and Song，2012）。企业运营效率是企业内外众多因素作用的综合结果，企业效率的分析与研究者的理解和研究目的相关。Farrell（1957）最早将企业效率分解为技术效率和配置效率，Forsund（1980）等在此基础上增加了规模效率；现有微观经济理论中的一种常用分法是把效率分解为配置效率、技术效率和动态效率（罗斯基、托马斯，1993）。

以上表明，经济效率具有不同层级的含义，企业效率的研究一般围绕企业是否运用一定的资源投入实现产出最大化，或者是否在获得一定产出时实现了资源投入的最小化。基于此，本书研究的企业运营效率是指反映企业经济活动的投入与产出的关系，表现为比竞争对手更高的生产效率、更高的管理水平和更多的收益。从供应链的角度看，企业的运营效率可以分为企业内部运营效率和外部运营效率。企业内部运营效率是指将获取的资源转化为产品或者服务的能力，内部运营效率的决定因素有很多，比如原材料质量、技术设备、工艺流程、企业制度等；企业外部运营效率即供应链效率，是指以最低的成本从供应商那里获取所需要的高质量的原材料和产品，再以最高的价格卖给分销商或客户，影响企业供应链效率的因素有企业与供应商及客户的关系、企业在供应链中的地位、市场环境等，在市场经济条件下，企业的外在运营效率就是企业的市场效率，由企业对市场的认识和运作能力所决定。

综上，本书提出的企业运营效率涵盖了企业内部运营效率和外部运营效率，是企业综合运营能力的一种体现，贯穿于企业的价值链，即始于供应商、经过企业内部、最终满足客户对产品需求的作业链，反映了企业从原材料的获取、制造加工到产品销售、服务提供等各个环节的运营能力。在对企业运营效率进行测度时，为了排除企业边缘业务的投入和产出的影响以及考虑到二手数据的可获取性，本书将企业的运营效率涉及的成本和收益分别用主营业务成本和主营业务收入表示，则主营业务成本／主营业务收入的结果越小，说明企业运营效率越高。

2. 运营效率影响因素研究

从本质上讲，企业运营效率是衡量企业竞争能力、投入产出能力和可持续发展能力的核心指标，也是反映企业资源有效配置及其功能作用发挥程度的重要指标。企业追求利润最大化的特征，要求企业必须寻求生产经营的最佳状态。从供应链视角看，企业的生存之本是以尽可能低的价格从供应商那获取原材料，然后以尽可能高的价格卖给客户，而运营效率是企业的核心竞争力，运营效率高说明企业投入产出的效率高，这直接影响了企业绩效，企业越来越重视自身效率的提升，在理论界，国内外学者针对影响企业经营效率的因素做了大量研究。

Gillen 和 Lall（1997）研究发现，影响机场运营效率的因素为结构变量（跑道数量、机场面积、登机门数量）、环境变量（年服务量）、管理变量（登机门利用率、财务体制、噪声支出、通航起降比例、基地航空公司数量）。

阎钢军等（2007）研究发现，产权形式对我国商业银行运营效率有着重要影响，其他因素比如资产配置能力和资产流动性强弱、银行运营费用、劳动力投入成本、资产的运营能力对运营效率均有一定贡献。具体结果为：产权制度、银行运营费用与商业银行的经营效率呈负相关关系，劳动力投入成本、资产的运营能力与商业银行的经营效率呈正相关关系，而资产配置能力和资产流动性强弱对商业银行的经营效率均没有关系。

有的学者探索了市场竞争程度、研发投入等对企业效率的影响，其中，企业效率是通过数据包络方法（DEA）获取，包括高新产业的研发效率、规模效率以及技术效率。研究结果发现，我国高新产业整体上的研发效率较低，并且各地区之间的差异显著，多数地区的规模效率出现递减趋势，主要原因是研发投入过大以及各因素发展的不协调。

雷海民等（2012）运用非参数检验方法，基于嵌入政治行为的公司治理，对设立党组织的中国政治资源企业的公司政治治理对企业运营效率影响进行实证检验；Wang 和 Song（2012）研究了预算松弛、转移价值和运营效率之间的关系，从资源利用的角度测量了企业的运营效率，并发现运营效率与转移价值之间有相关关系。

3. 运营效率的评价

运营效率评价的关键在于投入因素和产出因素的量化的统一，已有的评价方法都是从不同角度解决这一问题，主要有 DEA 分析法、超效率 DEA 分析法、随机前沿分析法、生产函数法、主成分分析、因子分析等方法。其中，最常用的两种方法是数据包络方法（DEA）和随机前沿方法（SFA），前者的使用又多于后者。

数据包络分析是采用线性规划等确定生产系统的前沿面，进一步获取各决策单元的规模效益以及相对效率等信息。目前，使用 DEA 分析方法和超效率 DEA 方法进行分析的文献有很多，大部分研究都得到了经营效率高的企业价值相对较大的结论。国外学者利用数据包络分析法对美国国内城市轨道交通运营系统（Barnum，2008）、中国的港口（Ablanedo-Rosas et al.，2010）以及海湾的 GCC 认证国家地区（包括科威特、卡塔尔等）的银行业（Emrouznejad and Anouze，2010）等进行了运营效率的分析。

国内研究方面，王艺明（2003）应用 DEA 分析方法分析了我国高新区的技术效率、规模效率等，发现高新区的企业规模均较小，缺乏弹性，资源的投入不足导致了整体效率低下；王卓（2007）超效率 DEA 模型对我国的工业企业进行了效率分析，以固定资产、流动资产和成本为投入指标，收入以及利润为产出指标。研究发现，DEA 有效的四个产业是石油天然气开采业、有色金属采掘业、烟草业以及石油和炼焦业；杨波（2012）综合运用三种 DEA、MPI 和 Tobit 模型方法，对 2005 ~ 2010 年我国 58 家零售业上市公司的经营效率进行了评价和分析。研究表明：零售行业受全面开放影响导致竞争的加剧，我国零售业上市企业的平均运营效率略有下降，并且内部出现差异化变大趋势，这与技术变化和效率变化的变动方向相反有密切关系，而在提到的环境变量中，仅总部所在地这一变量对企业运营效率有显著影响。

作为测度效率的参数分析方法，随机前沿方法（SFA）的出现较晚。WU（1995）采用随机前沿方法对我国 262 家来自不同行业的国有企业生产效率进行了研究，研究结果发现我国国企的生产效率区间在 0.5~0.6，资本密集型企业经营效率普遍低于劳动密集型企业，且国有企业的技术效率与企业规模之间呈负相关关系。Wu（2000）采取随机前沿生产函数的方法对 1981~1995 年我国 27 个省的面板数据进行分析，探索了全要素生产率（TFP）在中国经济增长中的作用大小，研究发现，TFP 的增长呈 "J" 形曲线，在 20 世纪 80 年代中国经济的增长主要是依靠效率提高和投入的增长，而 20 世纪 90 年代则是技术进步推动了中国经济增长。刘新梅等（2007）运用 SFA 对 1997~2002 年我国各省市发电行业的面板数据进行效率评价，对经济增长与电力发展两者关系进行了定量分析。吴迎新和徐淑一（2010）运用 SFA 研究了近十年我国各省区纺织业的生产效率问题，研究结果表明，各省区生产效率、经济规模与企业数量是影响企业生产效率的重要因素。

综上所述，简单地说，企业的运营效率评价的出发点是对比企业投入与产出，即如果产出大于投入，则企业运营是有效的；反之，则没有效率。企业的运营效率是影响企业绩效的关键点，运营效率高与低是评价企业核心竞争力的基本指标之一。在此基础上，本书认为评价一个企业的生产运营是否有效，最客观的就是要评价其财务指标，这也是本书采取二手数据衡量运营效率变量的原因。

二、绿色采购与运营效率

到目前为止，国内外关于绿色采购与运营效率的直接研究极少。通过前文对绿色采购和运营效率的相关论述，可以看出，两者之间联系的纽带就是企业的成本和收益，具体说来：绿色采购是否能够带来企业成本的下降和收益的提高还没有一个定论，有的学者研究发现，绿色采购能够通过降低总成本和增加收益来提升企业绩效；也有的学者发现，绿色采购会增加企业各方面的成本，给企业带来负的经济绩效。企业运营效率的本质就是企业的收益和成本比，所以企业实施绿色采购是好还是坏的焦点就在于成本和收益哪个提升得快，如果收益快，则带来正向绩效，运营效率相应提高；如果成本上升快，则带来负向绩效，运营效率相应下降。所以，下面从绿色采购带来的成本和收益变化的角度来回顾其对企业运营效率的影响。

Gray 和 Guthrie（1990）指出，采购部门通过使用低密度的包装材料不仅能够降低包装成本，而且可以通过减少包装物所占空间增加产品运输数量来降低运输成本；Carter（2000）等认为企业环境保护的改善可以提高企业声誉，企业也可能得到政府的支持，绿色产品也可以比较容易获得消费者青睐，从而可以卖出更好的价格，提高企业的收益；Lippman（2001）访谈了多位实施绿色供应链管理企业的业务经理，其中大部分声称在实施绿色供应链管理后，他们企业的运营效率有所提高，如缩短产品周期、减少成本以及提高质量等。

朱庆华等（2006）认为与传统产品相比，虽然企业采购绿色原材料的成本较高，但其会给企业带来更低的使用成本与治理成本，也就是说，从产品生命周期角度出发，企业生产绿色产品的综合成本更低。侯方淼（2007）认为从长期角度来看，企业可以通过实施绿色采购战略改善其经营表现，并提升竞争力。具体说来，绿色采购可以从两个方面提高企业的经营绩效，首先是增加企业的销售收入，随着消费者绿色意识的逐渐增强，出于对保护环境和自身安全健康的考虑，越来越多的消费者选择购买绿色产品。此外，在市场上销售的绿色产品，其售价比同类的传统产品要高，所以拥有绿色产品认证的企业可以扩大销路。其次，绿色采购要求企业采购再循环、再利用的原材料及包装物等，原材料和包装物的高效使用可以节约资源，减少废弃物的排放，从而降低了企业的原材料成本和治污成本等。

欧阳芳等（2010）认为企业绿色采购体系的构建有利于提高企业声誉，增强品牌价值，延长产品的生命周期，从而增强企业的竞争力。企业内部通过减少使用难以处理或对生态系统有害的材料，减少不必要的包装和使用可降解或可再利用的包装等措施，能够控制材料和产品的采购成本，降低最终处理成本，提高企业产品质量，改善企业内部环境，最终提高企业绩效。

但也有部分学者研究得到了不一样的结论，如 Gollop（1993）的研究发现，在发电厂投资环境保护战略后，包括绿色采购、绿色生产等，企业的运营效率下降了，这已经被 Barbera 和 McConnell（1990）的研究所证实；刘彬和朱庆华（2009）的研究发现，中国制造企业实施绿色采购会给企业带来负面财务绩效，这与 Liu Bin 和 Zhao Rong（2008）的研究结论相似。

综上所述，绿色采购战略能够给企业带来成本和收益的同时提升，这已经被国内外学者所认同，而争议的焦点在于成本和收益提高率不同的问题，对绿色采购持反对态度的学者认为成本提高率高于收益的提高；支持绿色采购的学者则认为绿色采购给企业带来的收益提高率远远大于成本的提高，只不过需要一定的时间才能体现。

三、绿色采购与企业绩效

绿色采购的宗旨是降低采购活动对环境的负面影响，并且以尽可能低的成本获取高质量的产品和服务。绿色采购需要企业进行大量的投资，而企业实施绿色采购战略是否能够提升企业各方面绩效还是不确定的。国内外学者从各方面对绿色采购与企业绩效之间的关系进行了研究，研究结果大部分支持绿色采购战略能够提高企业的绩效这一论断。

Handfield（1993）指出，采购企业可以通过参与供应商的产品设计和生产过程，实现企业原材料的再循环和再利用。Leslie（1994）提出在供应链管理中，绿色采购可以影响企业的环境表现。他们的研究对象是纸制品原料企业绿色采购的环境影响，认为企业的采购活动通过一定的环境标准的应用，能够获取适当的原材料。Fiksel（1995）对绿色采购与企业绩效之间的关系进行实证研究后发现，绿色采购不仅能提升企业环境绩效，而且能同时提高公司的经济绩效。

Zsidisin 和 Hendrick（1998）的研究认为采购和供应管理在企业环境绩效改善中起关键作用，文章研究了在德国、英国和美国的采购经理对环境问题的关注，认为企业的采购经理应当更深层地参与到企业环境管理中。Green（1998）等探讨了绿色采购如何改变供应链中各公司的环境绩效，以及这些改变是否影响公司的可持续发展，而把英国硬件零售商（UK hardware retailer）和 B&Q 公司的绿色采购实践作为案例来深入研究绿色采购从哪些方面改进了公司的环境表现。

Carter（2000）等创建了测量企业绿色采购的量表，第一次通过实证方法测量了绿色采购和企业绩效之间的关系，研究发现，企业的绿色采购战略与企业净利润成正比，与企业销售产品的成本成反比。

Sarkis（2003）运用网络分析法（ANP）方法，提出了企业绿色供应链管理的一个战略决策框架，评价企业绿色供应链管理的实施效果，研究发现绿色供应链管理战略（包含绿色采购战略）能够减少企业的生产成本、改善企业组织运作绩效，最终提升企业的竞争优势等。

Zhu 和 Cote（2004）以贵糖集团为案例，对其绿色供应链管理模式进行剖析发现，在促进供应商（蔗农等）发展的同时能够提高企业自身产品质量，获取环境绩效和成本优势。同年，Zhu 和 Sarkis（2004）搜集了中国制造企业的样本数据，经统计分析后发现：企业绿色供应链管理与企业环境绩效和经济绩效之间呈正相关关系，而质量管理与 JIT 制造模式能够促进企业实施绿色供应链管理。

有学者将我国制造业的绿色供应链实践分为三类：领先者、起步者以及落后者，并分别研究了三者对企业绩效的影响作用，ANOVA 分析结果表明：领先企业的绩效提升最为明显（朱庆华、耿勇，2006）。类似处理的还有 Liu Bin 和 Zhao Rong（2008）的研究，他们研究了中国制造业的绿色采购实践以及对企业绩效的影响，通过因子分析，得出企业绿色采购实践有五个因子，将企业绩效分为正向经济绩效、负向经济绩效、运营绩效以及环境绩效，研究发现，绿色采购实践几乎对所有绩效均有正向作用，只有两个因子对正向经济绩效有负向作用。

刘彬和朱庆华（2009）根据对 275 家制造企业的问卷调研，通过统计分析中的因子分析，对中国制造企业绿色采购实践和企业绩效进行分类，其中，绿色采购实践分为环境认证、外部环境管理、运作管理、生态设计以及供应链管理，企业绩效分为负面财务绩效、正面财务绩效、环境绩效和运作绩效。在此基础上，运用相关分析和回归研究两者之间的关系，结果表明：绿色采购实践能够促进企业的环境绩效、运作绩效和负面财务绩效的提升。

Choi 和 Zhang（2011）运用中国物流企业的一手数据，研究企业的主动绿色物流战略对企业绩效的提升作用，通过引入企业绿色意识和绿色战略为前因变量，绿色物流管理为中介变量，结果发现，绿色物流管理正向影响企业的环境绩效和经济绩效，而绿色意识、绿色战略与企业绩效之间没有显著关系。

但是也有研究表明绿色采购实践并不能增加企业的经济绩效，而是会增加企业成本，带来负向绩效。Cox 等（1998）研究发现，企业出于回收材料价格高，不能提升企业收益的角度考虑，不愿实施绿色采购；还有学者从逆向物流视角出发，认为构成绿色采购战略的逆向物流活动，由于渠道不畅通等问题导致了回收企业产品的成本很高，比如 Stock（1992）通过估算发现，相对于原始产品来说，企业回收的产品会因逆向物流渠道问题而增加百分之三十的成本。Walley（1994）发现，很多企业从成本和收益视角出发，认为企业只需在环境方面做到不违反法律即可，进一步提高环境治理水平会带来成本的提高。有的研究甚至发现企业的绿色和环保投资，会降低企业的运营效率（Barbera and McConnell，1990；Gollop，1993）。Bowen 等（2002）的研究发现，实施绿色采购的企业，其经济绩效等不能在短期内获得迅速提升。刘彬和朱庆华（2009）的研究发现，中国制造企业绿色采购实践在提升企业环境绩效和运作绩效的同时，会给企业带来负面财务绩效，这与 Liu Bin 和 Zhao Rong（2008）的研究结论相似，即企业的绿色采购战略能够同时给企业带来正向的和负向的绩效。

从已有的绿色采购相关研究来看，绿色采购思想源于西方发达国家，包括了企业绿色采购和政府绿色采购，发达国家由于环保意识较高，多数企业已经做到了采购活动与环境发展的协调，而像中国一样的发展中国家，多数企业仍然以追求经济利益最大化为首要目标，经济绩效是企业进行生产经营的主要驱动力，虽然已有不少企业意识到绿色采购的重要性，但绿色采购具有前期投入成本大、回收慢等特征，这不能被追求短期快速收益的企业所接受。根据本书对跨地域、跨行业的企业绿色采购实践的调研发现，在我国，绿色采购战略实施良好的企业主要是外向型企业、中外合资企业、国外独资企业等，详细内容将在后面的案例分析中进行讨论。

在理论研究领域，关于绿色采购与企业绩效关系的研究一直存在争议：大部分学者认为绿色采购战略能够提升企业绩效，少数学者得到了两者负相关或者不相关的结论。笔者分析出现这种研究差异的原因可能主要有两方面，首先，调研数据来源具有差异性，已有的定量研究多数是采取问卷调研获取一手数据或是案例研究的方法，而在这两种方法中，问卷法的主观性相对较强，而且选取的样本不一样以及问卷设计的不同都会导致结论的差异；案例法普适性不足，选用的案例不具有代表性。这正是本书采取二手数据研究绿色采购战略与企业绩效关系的出发点，旨在扩充研究样本，更为客观和实际地探索两者之间的关系，以期弥补现有研究在数据处理方面的不足。其次，绝大多数学者均是研究了企业绿色采购战略与企业绩效的直接关系，而没有考虑影响绿色采购战略实施效果的因素以及绿色采购战略与企业绩效的内在作用机理。如前文所述，企业实施绿色采购战略的收益具有隐藏性和长期性的特点，所以有可能是通过别的因素提高企业的收益，比如通过提升部门之间的协作能力而潜在提高企业的运营效率。此外，国内外学者均发现影响企业实施绿色采购的因素很多，不论是从企业的内外部角度还是从实施的驱动力和阻力角度出发，利益相关者一直是学者关注的重要影响因素。

其中，关于绿色采购的测量主要有两种方法：一种是运用案例研究。Green 等（1998）以英国的硬件零售商 B&Q 为例，详细分析了其绿色采购战略以及供应商的评价体系。Walton、Handfield 和 Melnyk（1998）选取了美国家具行业中的五个企业，研究采购部门如何对企业的环境友好行为产生影响。Preuss（2001）研究发现除造纸业、化工以及电子制造外，绝大多数行业没有主动进行绿色采购，原因有两点：一是采购部在企业中处于反应者地位；二是绩效评价大多数注重经济绩效。另一种是运用问卷调查研究。Carter 等（2000）

创建了测量企业绿色采购的量表，第一次通过实证方法测量了绿色采购和企业绩效之间的关系。Liu 等（2008）引入运营绩效，研究中国制造业的绿色采购实践与企业绩效的关系。刘彬和朱庆华（2009）根据对 275 家制造企业的问卷调研，将企业绿色采购分为环境认证、外部环境管理、运作管理、生态设计以及供应链管理五个方面；此外，还有文献在研究企业绿色供应链管理和环境战略时，给出了绿色采购的测量，多数也是采用案例研究和问卷调查研究（Zhu and Sarkis，2007；Bjorklund，Martinsen and Abrahamsson，2012）。

基于以上讨论，绿色采购能否提升企业绩效是决定企业是否采取绿色采购实践的主要原因，已有研究结论的差异性正是本书研究的出发点，本书试图通过引入利益相关者以及运营效率这两个变量，来探究在中国情境下，企业绿色采购战略与企业绩效的内在关系。

第四节　绿色采购与利益相关者满足

企业由于不履行环境责任而产生了一系列问题，根源在于企业利益与社会利益之间的冲突，这是一个全局性的社会问题，而不简单是企业自身的问题。企业的本质是利益相关者的契约集合体，这些利益相关者实际上对企业处于一种共同治理状态，企业的持续性发展需要获得各方利益相关者的支持和满足他们的利益诉求，进而获取所需要的各种有形和无形资源。

企业实施绿色采购战略需要投入各种额外成本，短期内会直接影响企业的经济收益，即会影响到企业的各利益相关者的利益，所以企业必须处理好与众多利益相关者的关系，才能保证绿色采购战略的顺利实施。本部分内容出发点是企业对利益相关者利益诉求的满足，主要包括企业利益相关者的界定和分类、利益相关者与企业绩效的关系以及利益相关者满足如何影响企业实施绿色采购战略。

一、利益相关者的界定和分类

从利益相关者理论的提出到如今的发展，企业的利益相关者界定和分类问题一直存在着争议。正如 Rowley（1997）所说，利益相关者理论的发展取决于两个问题：一是对利益相关者概念的界定；二是能够将利益相关者合理分类，进而理解利益相关者的关系。他认为利益相关者理论研究的主要目标是识别企业的利益相关者，以及认清他们会对企业产生什么影响。因此，本部分研究通过整理和回顾利益相关者界定以及分类的相关研究，从企业的所有利益相关者中，鉴别企业绿色采购战略涉及的利益相关者。

1. 利益相关者的界定

早在 1963 年，斯坦福研究所第一次正式提出利益相关者这一概念，他们认为没有利益相关者这一群体，企业就无法生存。随后，安索夫（1965）就将"利益相关者"引入到管理学与经济学等相关的研究领域，他认为企业制定战略目标时，必须综合考虑各个利益相关者之间可能存在的利益冲突，具体包括企业的管理者和员工、供应商和客户、股东和债权人等。此后，沃顿商学院开设"利益相关者管理"有关课程，利益相关者理论开始应用于企业战略管理研究中，并为学术界与企业界所接受奠定了基础，利益相关者到此已形成了初步的理论分析与实际应用框架。

在所有学者的利益相关者定义中，弗里曼的观点最具有代表性，即"利益相关者是能够影响企业目标的实现，或者受到企业实现其目标过程影响的所有个体和群体"，并指出企业应该基于其利益相关者之间的复杂关系来研究本企业的战略管理。弗里曼将利益相关者与企业之间的关系定义为影响与被影响，不论是影响企业目标还是被企业目标实现所影响的都属于企业的利益相关者，这些理念极大地丰富了企业利益相关者的内涵研究。从 20 世纪 60 年代至 70 年代开始，学者们对利益相关者界定进行早期探索，一直到 90 年代中后期利益相关者理论的日趋完善。Mitchell 和 Wood（1997）总结归纳了自斯坦福研究院提出利益相关者问题以来的三十多年里，西方学者给出的 27 种有代表性的利益相关者定义，如表 2-5 所示。

表 2-5　利益相关者的 27 种定义

提出者	时间（年）	利益相关者定义	出处
斯坦福大学研究院	1963	利益相关者是这样一些团体，没有其支持，组织就不可能生存	Stanford memo（1963）

续表

提出者	时间（年）	利益相关者定义	出处
雷恩曼	1964	利益相关者是依靠企业来实现其个人目标，而企业也依靠他们来维持生存	Rhenman（1964）
奥斯帝德、杰努卡能	1971	利益相关者是一个企业的参与者，他们被自己的利益和目标所驱动，因此必须依靠企业；而企业也需要依赖他们的"赌注"	Ahlstedt & Jahnukainen（1971）
弗里曼、瑞得	1983	广义的：利益相关者能够影响一个组织目标的实现，或者他们自身受到一个组织实现其目标过程的影响。狭义的：利益相关者是那些组织为了实现其目标必须依赖的人	Freeman and Reed（1983）
弗里曼	1984	利益相关者是能够影响一个组织目标的实现，或者受到一个组织实现其目标过程影响的人	Freeman（1984）
弗里曼、吉尔波特	1987	利益相关者是能够影响一个企业，或者受到一个企业影响的人	Freeman and Gilbert（1987）
弗里曼、夏皮罗	1987	利益相关者是那些与企业有契约关系的要求权人（Claimants）	Comell and Shapiro（1987）
伊万、弗里曼	1988	利益相关者是在企业中"下了一笔赌注"（have a take），或者对企业有要求权（have claim）	Evan and Freeman（1988）
伊万、弗里曼	1988	利益相关者是这样一些人：他们因公司活动而受益或受损；他们的权力因公司活动而受到侵犯或受到尊重	Evan and Freeman（1988）
鲍威尔	1988	没有他们的支持，组织将无法生存	Bowie（1988）
阿尔卡法奇	1989	利益相关者是那些公司对其有负责的人	Alkhafaji（1989）
卡罗	1989	利益相关者是在公司中下了一种或多种赌注的人。他们能够以所有权或法律的名义对公司资产或财产行使收益和（法律和道德上的）权力	Carroll（1989）
弗里曼、伊万	1990	利益相关者是与企业有契约关系的人	Freeman and Evan（1990）
汤普逊、瓦提克、斯密	1991	利益相关者是与某个组织有关系的人	Hompson, Warick and Smith（1991）
萨威奇、尼克斯、怀特赫德、布莱尔	1991	利益相关者的利益受组织活动的影响，并且他们也有能力影响组织的活动	Savage, Nix, Whitehead and Blair（1991）

续表

提出者	时间（年）	利益相关者定义	出处
黑尔、琼斯	1992	利益相关者是那些对企业有合法要求权的团体，他们通过一个交换关系的存在而建立起联系；即他们向企业提供关键性资源，以换取个人利益目标的满足	Hill and Jones（1992）
布热勒	1993	利益相关者与某个组织有着一些合法的、不平凡的关系（non-trivial relationship），如交易关系、行为影响及道德责任	Brenner（1993）
卡罗	1993	利益相关者在企业中投入一种或多种形式的"赌注"，他们也许影响企业的活动，或受到企业活动的影响	Carroll（1993）
弗里曼	1994	利益相关者是联合价值创造的人为过程的参与者	Freeman（1994）
威克斯、吉尔伯特、弗里曼	1994	利益相关者与公司相关联，并赋予公司一定的含义	Wicks, Gilbert and Freeman（1994）
朗特雷	1994	利益相关者对企业拥有道德的或法律的要求权，企业对利益相关者的福利承担明显的责任	Langtry（1994）
斯塔里克	1994	利益相关者可能或正在向企业投入真实"赌注"，他们会受到企业活动明显或潜在地影响企业活动	Staril（1994）
克拉克森	1994	利益相关者在企业中投入一些实物资本、人力资本、财务资本或一些有价值的东西，并由此而承担了某些形式的风险；或者说，他们因企业活动而承担风险	Clarkson（1995）
克拉克森	1995	利益相关者是对一个企业及其活动拥有索取权、所有权和利益要求的人	Clarkson（1995）
纳斯	1995	利益相关者是与企业有联系的人，他们使企业运营成为可能	Nasi（1995）
布热勒	1995	利益相关者能够影响企业，又受企业活动影响	Brenner（1995）
多纳德逊、普尼斯顿	1995	利益相关者是那些在公司活动的过程中及活动本身有合法利益的人和团体	Donaldson and Preston（1995）

资料来源：Mitehell，A，wood，D.Toward a theory of stakeholder identification and salience：Defining the principle of who and what really counts［J］. Academy of Management Review.1997（4）：853-886.

从学者给出的利益相关者定义来看，狭义的利益相关者定义均认为利益相关者对企业投入了一定的专用性资产（Carroll，1994；Clakson，1995；Starik，1995），强调哪一些利益相关者对企业的影响最直接从而企业必须加以重视。根据该定义，利益相关者承担风险越大，理论上与企业的关系就越紧密。其中，杨瑞龙和周业安（2000）是我国进行利益相关者理论早期开拓性研究的著名学者之一，他们给出的定义良好地契合了主流企业理论，引起学术界的普遍关注与重视。学者们关于利益相关者的广义定义则为企业提供了一个整体分析框架，融入企业社会责任的观点，但过于宽泛，缺乏一定实践操作性。有鉴于此，本书同意贾生华和陈宏辉（2002）的观点，他们提出对利益相关者概念的研究，应该从多个维度进行细分，根据企业具体特征进行分类研究。本书认为，在进行企业利益相关者研究时，应该根据企业的规模、所属行业、发展阶段等特点，并结合不同的企业战略对利益相关者进行细分，进而确定并满足他们的利益诉求。

2. 利益相关者的分类

界定了企业的利益相关者后，对其进行分类研究是非常必要的。多纳德逊和邓非（2001）曾指出，"列出一个企业的每一个可能的作为利益相关者的人或群体，会把具有不同要求和目标的利益群体混在一起，造成利益相关者管理混乱。"陈宏辉（2003）认为将企业所有的利益相关者当作一个整体处理，进一步进行研究与应用推广是不科学的。也就是说，不同类型的利益相关者对企业战略的影响以及受到企业战略影响的程度是不一样的，必须根据某些标准或分析维度对利益相关者进行细分。

从Freeman（1984）的开创性著作中对利益相关者分类开始，随后许多西方学者都从不同的维度给出了各自的分类结果。由于学者们所依据的角度不同，其分类结果也存在较大差异，如表2-6所示。

表2-6 国外利益相关者的典型分类

提出者	分类依据	具体分类	具体的利益相关者
Freeman（1984）	与企业关系的不同	所有权	持有公司股票的管理者、董事与其他持有股票者
		社会利益	特殊群体、政府领导人和媒体等
		经济依赖性	在公司取得薪酬的管理人员、债权人、内部服务机构、普通员工、客户、供应商、竞争者、地方社区、管理机构等

续表

提出者	分类依据	具体分类	具体的利益相关者
Frederick（1991）	与企业是否存在市场交易	直接利益相关者	股东、员工、债权人、供应商、零售商、客户、竞争者等
		间接利益相关者	各级政府、社会活动团体、媒体、一般公众、其他团体等
Charkham（1992）	是否存在交易性合同关系	契约型利益相关者	股东、员工、客户、供应商、分销商和贷款人
Charkham（1992）	是否存在交易性合同关系	公众型利益相关者	全体消费者、政府部门、监管者、媒体、压力集团、当地社区
Clarkson（1994）	所承担的风险的种类	自愿的利益相关者	主动进行物质资本或人力资本投资的个人或群体
		非自愿的利益相关者	被动地承担了公司风险的个人或群体
Clarkson（1995）	与企业的紧密性	主要的利益相关者	股东、投资者、员工、供应商、客户等
		次要的利益相关者	媒体、环境主义者等
Wheeler（1998）	紧密性和社会性	主要的社会性利益相关者	客户、员工、投资者、供应商、其他商业合伙人、当地社区等
		次要的社会性利益相关者	居民团体、媒体和评论家、竞争对手等
		主要的非社会利益相关者	自然环境等
		次要的非社会性利益相关者	环境压力集团等
Mitchell 和 Wood（1997）	合法性、权力性和紧急性	确定型利益相关者	股东、员工和顾客
		预期型利益相关者	投资者、雇员和政府部门
		潜在型利益相关者	行业协会等

　　综上所述，国外学者从不同视角进行利益相关者分类的研究，每一个视角的选择都和作者进一步研究的切入点相联系。所以说，没有一种相对标准和统一的分类方法，也没有一种适用于所有利益相关者研究的分类方法。正如Mitchell 和 Wood（1997）所说，利益相关者的分类具有动态性特点，不同类的利益相关者之间在某些条件下可以转化。

　　中国学者受 Mitchell 和 Wood（1997）研究思路的启发，在利益相关者的分类研究上取得了重要成果，研究的角度大多是从多个维度进行的，其中比较有代表性的是陈宏辉（2003）、吴玲（2006）、杨东宁等（2011）、陈昕（2011）的研究，如表2-7所示。

表2-7　国内利益相关者的典型分类

提出者	分类依据	具体分类	具体的利益相关者
陈宏辉（2003）	主动性维度、重要性维度和紧急性维度	核心利益相关者	股东、管理人员与员工
		蛰伏利益相关者	消费者、供应商、分销商、债权人与政府
		边缘利益相关者	社区及特殊利益群体
吴玲（2006）	利益相关者重要性的排序	关键利益相关者	管理人员、政府、股东、客户
		重要利益相关者	员工、供应商
		一般利益相关者	分销商、债权人
		边缘利益相关者	社区
杨东宁等（2011）	企业环境管理的特点	决策权威类利益相关者	政府、高层管理者、股东、债权人
		商业伙伴类利益相关者	竞争对手、供应商、客户
		运营支持类利益相关者	员工、当地居民、环保主义者等
陈昕（2011）	所承担的企业社会责任	内部人	股东、管理人员与员工
		外部商业伙伴	消费者、供应商、分销商与债权人
		代表公共利益的利益相关者	政府与社区

综上所述，国内学者对利益相关者分类的研究都是在国外学者研究的基础上，根据自身研究的需要进行了一些创新。而且，国内学者对利益相关者的分类，主要思路都是根据利益相关者对企业的重要性程度。

二、利益相关者满足的界定

自从利益相关者概念提出后，许多学者和企业家逐渐认识到利益相关者对企业绩效的影响越来越显著。有学者提出了企业利益相关者绩效评价体系，认为各个利益相关者对企业的绩效起着共同的影响作用（Atkinson，1997）。Yawen Jiao（2010）构建了"利益相关者福利值"这一概念，用于衡量企业满足利益相关者（股东除外）期望的程度，发现随着利益相关者福利值的增加，企业价值也随之增加。

根据资源基础观理论，企业拥有的资源和能力决定企业战略行为，而不是由外部环境决定的，企业价值创造及获取过程中需要各种有形和无形资源，但在一般情况下，由于各种资源的复杂性，企业很难对其所有资源进行直接控制和有效使用，而往往需要通过满足这些资源的直接所有者的利益，来间接加以控制和使用，企业的利益相关者正是这些资源的直接所有者（杨东宁，2011）。由于利益相关者在企业中投入了人力、财力等不同的资源而承担了一定的风险，从而拥有对相应企业的索取权、所有权和利益诉求（Clakson，1995）。不同的利益主体会因各牟私利而对企业产生不同的利益诉求，导致了利益冲突的出现。所以，企业想要生存，必须将利益相关者的利益与战略制定联系起来，实施任何战略的第一要义就是满足各方利益相关者的需求，从利益相关者那里获取所需的资源，实施各种战略，实现组织的价值增值。

由于企业的生存与发展离不开利益相关者，企业在日常的生产经营活动中，要尽量满足各方利益相关者的利益诉求（Reynolds et al.，2006）。综合性社会契约理论指出企业是组成社会系统重要的一部分（Donaldson and Dunfee，1994），需要履行其综合性社会契约，而企业各利益相关者的利益要求是企业综合性社会契约重要内容之一，所以企业必须对利益相关者的利益诉求作出合理回应，否则会影响企业的生存与持续发展（多纳德逊、邓非，2001）。因此，企业妥善协调与满足各利益相关者利益要求是至关重要的。

综上，本书引用利益相关者满足这一概念，所谓利益相关者满足程度是指企业在实现自身目标的过程中，利益相关者获得的经济性回报（Ruf et al.，2001）。基于期望理论的观点，企业对各利益相关者利益诉求满足的程度直接决定了其投入的专用性资产的多少，比如股东是企业重要的投资者，关系到企业生存发展，良好的每股收益以及资本保值增值率就是对股东投入的回报。在本书研究中，对于企业绿色采购类涉及的利益相关者以及满足度的衡量将在后面章节进行讨论。

三、利益相关者满足与企业绩效

相对于股东至上主义的股东利益最大化，以利益相关者理论为基础的企业价值最大化已经得到了学术界的公认。理论界对利益相关者理论研究的逐渐深入，已有不少学者开始探索利益相关者管理与企业绩效之间的关系，但多数是研究了两者之间的直接关系，而这种联系的传递机制是什么还没有一个定论，即两者之间存在一个"黑匣子"，学者们在"黑匣子"中加入了不同的概念，比如利益相关者关系（导向、满足）等，可以看出，学者们的出发点都是分析并满足各个利益相关者的利益需求，进而获取企业战略实施所需资源。

Agle 等（2008）的研究发现，企业利益相关者的内在价值观形成后，如果还依据传统衡量指标体系考核企业的经营绩效，能够有效管理利益相关者关系的企业能够获取更好的经营绩效。Berman 等（1999）提出了两种典型的利益相关者管理概念模型，即直接效应模型（模型1）和调节效应模型（模型2），如图2-9与图2-10所示。

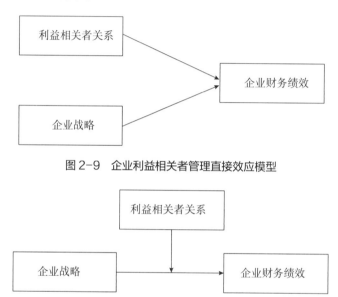

图 2-9　企业利益相关者管理直接效应模型

图 2-10　企业利益相关者管理调节效应模型

第一个模型中，企业利益相关者与企业战略对企业的财务绩效有直接影响作用；第二个模型中，认为企业利益相关者能够调节企业战略对企业财务绩效的影响，已有很多研究都是关于企业战略与公司财务绩效、利益相关者管理与企业绩效或者企业战略与利益相关者管理的关系，而忽视了这些变量间的相互作用（Harris and Wicks，2010）。

到目前为止，已有的关于利益相关者满足或关系与企业绩效的影响多数是集中在直接关系的研究上，不少学者分别从不同角度出发研究了顾客、供应商、员工或当地社区等利益相关者与企业绩效之间的关系。Venkatraman（1989）、Waddock 和 Graves（1997）研究发现，客户对企业产品质量和安全性的感知能够提升产品销售，因此关注顾客满意度可以促进企业绩效的提高；Waddock

和 Boyfe（1995）研究发现，企业可以通过主动改善与所在社区的关系拓宽战略选择空间，该项研究以企业高层管理人员和负责社区关系的员工为调查对象，结果发现：与社区建立良好的关系能为企业带来如税收减免、降低调整成本、提高员工素质等好处，并能够进一步增强企业的竞争优势；Nahapiet 和 Ghoshal（1998）从企业战略的角度出发，利用对社会资本、智力资本和组织优势的研究，肯定了利益相关者对企业经营绩效的积极作用；Berman 等（1999）则认为企业经营者是企业为提高其经营绩效的工具，从另一角度肯定了利益相关者对企业经营绩效的正向驱动作用。

王世权和王丽敏（2008）基于利益相关者参与企业治理、利益相关者关系管理两个维度构建了利益相关者权益保护指数，在此基础上通过实证研究，分析了中国上市企业利益相关者权益保护与企业价值之间的关系。研究表明，利益相关者权益的有效保护能够提升公司的价值，并且在利益相关者权益保护的各个层次评价指标中，利益相关者关系管理、投资者关系管理、中小股东参与治理以及其他利益相关者关系管理均与企业价值有正向关系。

纪建悦等（2009）从利益相关者视角出发，运用价值链理论、契约理论和期望理论，分析了利益相关者影响企业财务绩效的内在机理，发现利益相关者满足是影响企业财务绩效的关键因素，并从理论上提出实现企业财务绩效最大化的条件。在此基础上，对中国上市企业的面板数据进行了实证分析。研究表明：利益相关者满足与企业财务绩效之间具有显著的相关性，B 值的对比分析显示中国上市企业对不同利益相关者的满足水平存在差异，企业可按照 B 值对不同利益相关者的投入进行调整，从而进一步提升其财务绩效。纪建悦等（2010）分析了影响利益相关者对企业的专用性投入的各种因素，提出对利益相关者利益诉求的合理满足是实现企业财务绩效最优化的关键。结合已有文献，设定各利益相关者满足程度和企业财务绩效的替代测量指标，对我国家电上市企业的面板数据进行实证分析。结果表明：利益相关者满足与企业财务绩效之间有显著的相关性。纪建悦和李坤（2011）采用中国 26 家房地产上市企业 2002~2008 年的面板数据，对企业利益相关者关系与财务绩效之间的长期和短期关系进行实证研究。研究结果表明：企业利益相关者关系与财务绩效之间存在长期和短期均衡关系，在不同时期，企业应对各利益相关者采取差异化管理策略，满足其各自的利益需求，与利益相关者建立并维持良好关系，是提升企业财务绩效的关键所在。

此外，一些学者探索了利益相关者影响企业绩效的间接关系。Pfeffer 和

Salancik（1978）认为利益相关者控制企业或者组织的资源，而这些资源通过促进或提高公司决策的执行效果，进而影响公司经济绩效；Aguilera（2007）提出了一个企业履行社会责任的多层次理论模型，模型中提到利益相关者通过影响企业的战略导向，促进企业参与 CSR 活动，进而取得社会绩效；Villiers等（2011）研究发现，企业的董事会结构能够影响企业的环境绩效表现，即股东对企业环境行为和绩效之间的关系起到调节作用；张秋来（2011）构建了具有交互作用的利益相关者承诺模型，认为企业建立并维系的利益相关者关系不能直接对企业财务绩效产生影响，而是通过公司特定战略对公司财务绩效产生作用；王端旭和潘奇（2011）研究了利益相关者满足对慈善捐赠与企业价值关系的调节作用，并进行了理论分析和实证检验。利用 2002~2008 年中国 A 股上市公司慈善捐赠的面板数据进行分析，研究发现，利益相关者满足程度越高时，慈善捐赠行为提升企业价值的效果越明显。

从已有的利益相关者与企业绩效的研究来看，学者们达成了以下共识：企业与相关利益者之间形成了多边契约，不同利益相关者向企业投入不同类型的专用性资产，而企业则通过满足利益相关者的利益诉求来影响其专用性资产投入的数量和质量。可以说，企业对利益相关者利益需求的满足度越高，他们就会投入更多、更好的专用性资产，比如人力资源、经济资源和政策性资源等。

本书认为，不论企业的资源还是能力都必须依赖于企业的各种战略才能发挥作用，企业实施不同的战略需要投入不同种类和数量的资源，而企业所有的资源均来自于各利益相关者，所以企业对利益相关者的满足程度会直接影响其企业战略的实施效果，即利益相关者满足能够调节企业战略行为与企业绩效之间的关系。值得一提的是，企业制定的战略当中，有的战略成本收益不明晰甚至可能会在短期内损害一些利益相关者的利益，企业需要谨慎制定和实施此类战略，特别是与利益相关者关系一般的企业，很可能会受一些利益相关者的抵制影响而失败，而利益相关者究竟如何影响企业的绿色采购战略的，本书将在后面详细介绍。

四、绿色采购与利益相关者满足

荀子说："水能载舟，亦能覆舟。"企业满足利益相关者利益诉求程度的高与低，能够直接影响绿色采购战略的成与败。当企业的利益相关者感知到的满足程度很高时，依据马斯洛的层次需要论，利益相关者亦希望企业参与一些较高层次的、对社会有益的活动，此时企业实施绿色采购战略与其要求可能较一致，能够获取他们的支持，得到需要的各类资源；反之，当企业的利益相关者感知到的满足程度较低时，因其最基本的经济利益都还未得以保证，企业的绿色采购战略可能会被认为是一种不务正业的行为。因为，此时企业本可以将实施绿色采购战略的资源用于正常的经营，赢取更多经济收益，从而提高利益相关者的满足程度。所以，缺少了利益相关者的支持，绿色采购战略实施效果会很一般，甚至会寸步难行。

Florida（1996）指出，制造企业，尤其是处于行业领先地位的企业，需要与供应商和客户建立紧密合作的战略伙伴关系，而这种关系的建立需要企业能够将利益相关者思想融入到其管理战略中，如 JIT、持续的改进与提升和全面质量管理等；Henriques 和 Sadorsky（1996）在研究影响企业环境管理的因素时，明确提出了利益相关者发挥的作用，包括政府、公共团体、合作伙伴、雇员、股东等；Geffen 和 Rothenberg（2000）认为选择合适的供应商并与之建立良好的合作关系能够帮助企业采用和发展环境管理创新技术，而这正是制约绿色采购战略实施的因素之一。

Carter 和 Jennings（2001）研究企业社会责任采购、企业与供应商关系以及供应商绩效之间的关系，其中关系划分为承诺、信任以及协作。研究发现，企业的社会责任采购战略能够增进其对供应商的信任，进而增进双方合作，最终提高供应商的绩效；此外，企业的社会责任采购战略能够增进企业对供应商的承诺，能够直接提高供应商的绩效。

Stevels（2002）的研究表明：供应商与制造商在生态设计和生产制造过程中进行合作，能产生巨大而深刻的生态和经济效益。与此同时，通过对产品的能量消耗，物料的再循环，废旧物质的回收、再循环、再利用等领域合作的案例研究进行分析，发现：生产制造企业通过加强与绿色供应商的合作，不仅有利于提升一般的管理实践，也有利于环境绩效的提升，其中绿色采购是合作的重要内容之一。

贾生华和陈宏辉（2002）认为企业传统的环境管理模式存在着很多缺陷，容易使企业陷入被动局面，因此，文章提出了基于利益相关者共同参与的战略性环境管理，具体说来，企业需要了解利益相关者在环境问题上的要求，并且系统地整合到企业战略、运营结构、运营系统和处事方式等要素中，使企业前摄性地开展环境管理工作，并获得竞争优势。

Maignan 和 McAlister（2003）从利益相关者的角度出发，研究企业的社会责任采购行为，将社会责任采购行为分为四类，从 reactive 到 proactive，并且进一步详细分析了利益相关者和组织规范在实施社会责任采购中发挥的作用。

Zuo 等（2009）从项目管理的视角，研究木材采购的可持续性，即在采购活动中进入利益相关者观念，重新构建采购流程，研究发现，采购企业与利益相关者的整合和协作，比如与供应商和客户共享信息、与当地政府维持良好关系等，能够减少采购中出现的一些问题，对于构建可持续供应链具有重要意义。

Arnold 和 Schmidt（2010）研究如何将可持续发展融入到战略采购的体系框架中。文章列举了很多关于采购中考虑可持续发展的已有研究，分析了战略采购的过程，回顾了采购组合分析的文献，在传统的采购二维组合的基础上，加入了利益相关者影响维度，构建了三维影响模型，强调了利益相关者对企业采购决策的影响机制。

杨东宁等（2011）基于利益相关者理论和企业资源观理论，提出利益相关方参与企业的环境管理，进而对企业竞争优势的作用模型和假设。文章收集了中国 215 家大中型工业企业的环境管理问卷调查的数据，采用结构方程模型方法检验理论假设。结果表明，运营支持类利益相关者参与能够影响企业的环境管理策略，对企业竞争优势有显著的正面影响，说明利益相关者能够影响企业的环境战略，绿色采购战略也不例外。

此外，不少学者从企业管理者角度出发，探索他们感知的利益相关者压力与企业环境战略或绿色采购战略的关系（I Henriques and P Sadorsky，1999；K Buysse and A Verbeke，2003；Magali Delmas and Michael W. Toffel，2004；Sharma and Henriques，2005；JL Murillo-Luna et al.，2008；Elijido-Ten，2010）。

本章小结

本章首先回溯了绿色采购的发展历程，具体包括绿色采购战略的界定、分类以及实施。第一，本章发现绿色采购战略分类的研究没有一个统一的定论，在此文献综述的基础上，本章给出了绿色采购战略的分类方法，即基于产品的绿色采购战略和基于流程的绿色采购战略。第二，本章回顾了绿色采购战略实施影响因素的有关研究，具体包括企业内外部影响因素、驱动力因素以及阻力因素。研究发现，在各类的影响因素中，均包含了企业的不同利益相关者。第三，本章对绿色采购战略与企业绩效关系研究的文献进行了梳理，发现学者们对于绿色采购战略能否提升企业绩效问题仍存在一些争议，这也是本书研究的出发点之一。

分析当前研究中存在的不足与分歧，其原因可能有三个方面：第一，对企业绿色采购的界定和测量存在差异化。已有的定量研究得到了很多有价值的结论，而数据的收集多是通过问卷获取一手数据或进行案例研究，而问卷法的样本选取存在差异性问题（Green et al.，2012），案例法普适性不足，因此可能会导致结果产生分歧。第二，已有研究没有深入探究绿色采购的作用机理（Tate et al.，2014），比如是否存在中介传导机制，并且没有考虑绿色采购对企业绩效作用的滞后性问题（Bowen et al.，2001），均是采用的截面数据进行实证研究。第三，已有文献主要集中在绿色采购与企业绩效的直接关系研究，对权变因素的探讨还存在一些不足。因此，解决当前研究中的不足和分歧可以尝试着从三个方面入手：首先，根据已有的相关研究和企业的实践，重新全面地界定绿色采购（Tate et al.，2014），并在已有测量方法的基础上尝试采用二手数据进行绿色采购的测量。其次，重新探索绿色采购的作用机理，尝试进行企业实施绿色采购的追踪研究以及绿色采购对企业绩效的滞后效应研究（Appolloni et al.，2013）。最后，权变理论为分析绿色采购的权变影响因素提供了依据。在权变的视角下，企业绿色采购的作用机理会随着权变因素的不同而发生变化，可以从影响企业绿色采购的各种因素入手，探寻存在的权变影响因素。

此外，对企业运营效率相关研究进行了回顾，发现学者关于企业运营效率的研究一般集中于影响因素和评价两个方面，结合绿色采购战略特性，本章发现绿色采购与企业运营效率的连接纽带，即企业的成本与收益的交错关系。最后，本章回顾了对绿色采购与利益相关者关系的相关研究，具体细分为企业利益相关者的界定与分类、利益相关者满足与企业绩效以及企业绿色采购战略实施的关系研究，发现利益相关者与企业的绿色采购战略以及企业绩效均有密切关系。综上，本书得出以下几个争议问题：绿色采购是否能够提高企业绩效？是否存在中介变量？两者之间的关系受到什么因素影响？由此明确了本书的研究主题。

第三章 研究框架和基本假设

根据前面章节对绿色采购研究相关文献的综述，可以看出企业绿色采购战略与企业绩效之间确实存在相关关系，但是学者们在相关关系的正负上产生了争议，本章首先分析了绿色采购的研究基础，进而构建了本书的研究框架和基本假设，旨在对运营效率的中介作用和利益相关者满足的调节作用进行深入的探索。

第一节 绿色采购研究基础

一、环境管理与绿色供应链

已有学者关于绿色采购的研究很多是基于环境管理或是绿色供应链管理的研究（Lamming and Hanson's，1996；Rao，2002；Vachon and Klassen，2006；Zhu et al.，2007；Zhu et al.，2008；Eltayeb，2009），因为绿色采购是企业环境管理的一部分，同时也是绿色供应链管理的起点，环境管理或绿色供应链管理的一些理论依据和研究结论同样适用于绿色采购的研究，他们对绿色采购的研究具有指导意义。

1. 环境管理理念的指导作用

企业环境管理是指企业将环境保护的理念融入到企业管理活动中，把因环境问题（如污染超标排放、环保事故、原材料浪费等）造成的风险成本降到最小，使环境管理成为企业战略管理的一部分而采取的一系列行为措施（秦颖，2006）。环境管理是从宏观视角出发，以社会管理系统、"环境—经济—社会"系统为研究对象，探索这些开放系统内各组成要素及其与外部环境的相互联系与制约关系的运动规律，以实现这些系统的最优化控制为目的（侯方淼，2007）。企业绿色采购战略需要以微观角度研究环境保护，比如环境治理的成本／收益分析的选择和应用。已有学者对环境管理的相关研究对本书绿色采购战略研究起到了指引作用。

可持续发展理念是指人类发展在创造财富的同时，也要协调经济繁荣和自然环境间的均衡与共生。企业的环境战略一直是学者们关注的热点问题，环境管理战略是企业在对自然环境的负面影响最小的前提下，实施各种战略。企业环境战略研究问题包括企业实施环境战略的压力和动力（Jennings，1995；Andersson，2000；杨东宁、周长辉，2005）、环境战略与企业绩效的关系等（綦建红、周洁琼，2007；Sharfman，2008；杨德锋、杨建华，2009）。Hart（1995）利用资源基础观，研究企业环境战略与竞争优势之间的关系，提出三种环境战略：污染预防、产品管理与可持续发展，并分别就其需要的资源和产生的竞争优势提出假设，并且指出企业战略与竞争优势的关系最终要取决于企业环境的可持续经济活动能力；Daily（2001）研究企业环境管理体系中人力资源因素的重要性，以企业 ISO14001 认证为切入点，将 ISO14001 实施需要的因素与企业人力资源因素相对应，提出了一个概念 HR—EMS 模型，为将来实证研究提供了视角；Boiral（2007）从 Meyer、Rowan 提出的理性制度神话的视角出发，研究企业如何通过实施 ISO14001 来达到绿色要求，即 ISO14001 标准如何被企业利用和整合的。研究发现，在已经通过 ISO14001 认证的企业中，大部分都没有认真地实施标准的内容，一般都是追求缓解制度压力和缓和内部矛盾，员工对于标准的理解也很肤浅。

近年来，从利益相关者理论视角出发的企业环境战略（绿色战略）有关研究逐渐增多，国内外学者已有的研究主要是从利益相关者压力与企业环境战略选择、利益相关者参与企业环境战略这两个视角展开。

首先，关于利益相关者压力与企业环境战略研究相对较多，根据战略选择理论，环境战略的选择是企业组织和管理选择的结果（Nadkarni，2008）。早期企业的环境绩效受到政府部门的监察和执法力度的影响（Laplante，1996；Dasgupta，2001），企业对削减污染物排放量的努力会随规制作用的增加而增强。Steadman 等（1995）提出企业改善环境绩效的目的是应对利益相关者日益提高的环境要求和期望。

近几年，企业管理者感知的利益相关者压力与企业环境战略选择的研究越来越多，Buysse 和 Verbeke（2003）、Sharma 和 Henriques（2005）、Murillo-Luna 等（2008）的研究都表明，企业的环境战略受到企业利益相关者的影响，多数学者研究发现企业环境战略的主动性随管理者所感知到的利益相关者压力的增大而变强，并且不同类的利益相关者对企业的压力存在差异（Murillo-Luna et al.，2008），Julian 等（2008）的研究表明企业对外部利益相关者的利益诉求反应取决于管理者自身的认知反应。Nadkarni（2008）的研究发现管理者的管理认知以及对环境问题的判断会直接影响企业环境战略的选择。

其次，利益相关者参与企业的环境战略研究相对较少，企业内部如管理者（Marshall，2005）、员工（杨东宁、周长辉，2005）等都可能通过参与企业经营从而对企业环境绩效产生影响。贾生华和陈宏辉（2002）构建了基于利益相关者共同参与的战略性环境管理模型，他们认为企业将利益相关者在环境问题上的诉求系统地整合到企业共享的价值观、企业战略、运营系统和处事方式等要素中，前摄性地开展环境管理工作，并获得竞争优势。刘蓓蓓等（2009）基于利益相关者理论，构建了企业环境绩效与企业受到各利益相关者参与影响的计量模型。

2. 绿色供应链管理思想的指导作用

绿色供应链管理是从社会和企业的可持续发展出发，在传统供应链管理的基础上，通过供应链中企业之间的合作以及各企业部门之间的分工协作，促使供应链在环境管理方面的整体改善。具体说来，它要求供应链中的供应商、制造商、零售商、消费者以及回收商等各个参与者均要注重生态保护和资源再利用，实现经济的可持续发展。绿色采购是绿色供应链管理中的一个重要环节，除了具备传统采购的一般特征外，主要的不同在于"绿色"。

国外绿色供应链管理的研究源于企业的可持续发展研究（Corbett，2006），绿色供应链管理是一种评估企业绿色行为模式的选择，能够减少环境污染（Huang，2009），帮助企业提升竞争力和战略管理能力（Lippmann，1999），与单纯的 ISO14001 认证相比，绿色供应链管理更为有效和全面（Stevels，2002）。与国外不同，我国绿色供应链管理的研究是源于世界绿色制造，学者们通过完善绿色制造内涵并进行拓展（张华，1997），供应链在制造活动中起着至关重要的作用（武春友，2001），从此开始了绿色供应链的研究。国内外关于绿色供应链的研究大体分为概念研究、绩效评价研究、实施机制研究以及发展总结性研究四个方面。

第一，在概念层次研究绿色供应链的研究，国外学者一般认为绿色供应链管理就是考虑了环境影响的供应链管理（朱庆华、赵清华，2005），Nagel（2003）对比绿色采购和绿色供应链后发现，绿色供应链管理涉及面更广，更有可能促进企业的可持续发展。国内学者引用较多的绿色供应链的概念为：绿色供应链是综合考虑环境影响和资源利用效率的供应链管理模式，参与者包括供应商、制造商、销售商和客户等，依据的是绿色制造理论、供应链管理技术的发展，以期提高原材料利用效率，使产品在整个生命周期中对环境的负面影响最小（但斌、刘飞，2000）。

第二，对于绿色供应链的绩效评价研究，Knowles（2000）研究分析企业实施绿色市场战略对股票市场表现的影响，Green（2012）研究了企业绿色供应链实践以及对绩效的影响，将绩效分为环境绩效、经济绩效、运营绩效和组织绩效。Bjorklund（2012）研究了绿色供应链中的绩效测量问题，并提出了目前已有研究的不足，主要有五个方面，即考虑利益相关者过少、测量目的不同、测量层次不同、没有跨供应链测量以及没有一个综合的测量方法。

第三，在实施机制研究方面，Walley（1994）、Walker（2008）、Fawcett（2008）分别从不同的视角对制约绿色供应链发展的因素进行了分析，蒋旻（2004）、陈傲（2006）以及朱庆华（2009）分别运用定性和定量的研究思路，分析了影响我国绿色供应链实施的制约因素，Mallidis（2010）提出了绿色供应链管理的一个操作性框架，为实践界提供了指引。

第四，学者们从不同视角对绿色供应链的相关研究进行了总结和梳理，有的学者从绿色供应链涉及问题和研究方法两个维度进行归类分析（Srivastava，2007），有的学者从组织理论运用的视角出发，将已有绿色供应链文献划分入九个组织理论，并给出了未来的组织理论研究视角（Sarkis，2011），还有很多学者分别从实践和理论的视角分析了绿色供应链的发展历程和趋势（朱庆华，2004；王能民，2007；王义琛，2010）。

此外，从研究对象来看，制造企业由于其能源的消耗、污染的严重等一直受到广泛的重视，国内外已有的关于绿色供应链的研究绝大部分集中于制造行业（Green，1998；Carter，1998；Min and Galle，2001；Cristobal，2005；朱庆华、耿勇，2005；Qinghua Zhu，2007；Liu Bin，2008；马丽丽，2008；Eltayeb，2009；Bjrklund，2010）。相对来说，服务产业的绿色研究则相对较少（Foster，2000；Antonio，2008），随着服务产业在经济发展中起的作用越来越大，其环境问题也不能小视，服务类企业要减少价值链上商业活动对自然环境产生的影响，实施绿色管理，提供绿色服务，必须从源头抓起，即保证企业自身采购的产品和服务的绿色化，小到一张打印纸，大到一辆运输车，这是与企业的核心能力、资源的利用等直接相关的。传统的服务业商业思维模式必须进行范式转变。

在企业绿色供应链管理的各个环节中，绿色采购位于供应链的始端，其成功实施能够提升企业和整条供应链的环境绩效（刘彬、朱庆华，2009）。绿色供应链管理研究是对供应链进行全过程的管理，包括从原材料采购、生产制造到最终的回收处理，具有产品生命周期总成本管理的思想。因此，在绿色采购中，也必须全面考虑成本的构成，不能仅考虑采购成本的增加，还要考虑材料使用成本、污染治理成本以及违法成本等的减少。可以说，学者们关于绿色供应链的有关研究促进了绿色采购研究的开展。

二、绿色采购战略的维度

正如前文所提到的，已有学者关于绿色采购战略内容的研究没有一个统一定论，不论是理论研究还是实证研究，对于绿色采购维度的界定，不同学者给出了不同的见解，这也是导致学者们研究结论有所争议的原因之一。基于此，本书在已有学者提到的绿色采购战略维度的基础上，进行详细的分析和归纳，进一步借鉴 Green（1996）和 Bowen（2001）的研究，提出了基于产品的绿色采购战略和基于流程的绿色采购战略。

Green（1996）研究采购和环境管理的相关问题，包括相互作用、政策以及机会等。他认为绿色采购战略应该贯穿于企业的整个流程，比如供应商的评估与管理、绿色运输、污染处理、原料的循环再利用、生命周期评价、绿色设计、供应商的认证和奖励体系等。此外，提出企业提高环境绩效的几个动因，比如遵守法制、降低成本、投资者要求等。Bowen（2001）将企业的绿色供应战略分为产品导向的绿色供应、流程导向的绿色供应以及比较高级的绿色供应。其中，产品导向的绿色供应包括回收再利用、减少包装的使用、与供应商合作减少废物；流程导向的绿色供应包括建立供应商评价系统的环境标准、建立供应商环境表现的评价系统、供应商的环保调查、对供应商实施环保奖励、要求供应商拥有环境管理体系；而比较高级的绿色供应包括在风险与回报分配中融入环境标准以及与供应商一起开展清洁技术项目。

绿色采购战略首先要确保采购材料和商品的绿色化以及在使用过程中对环

境的负面影响最小；其次，企业在采购绿色原材料和商品时，要注重与供应商进行绿色环保合作，即绿色采购也关注绿色供应流程的管理，比如对供应商的环境管理能力进行评价、与供应商合作开展环保项目等。在 Green（1996）和 Bowen（2001）对绿色采购战略分类的基础上，融入其他学者关于绿色采购的分类方法，本书将绿色采购战略划分为基于产品的绿色采购战略和基于流程的绿色采购战略。

基于产品的绿色采购战略是指围绕采购的原材料和产品绿色导向型战略，其目的在于保障所采购的原料和产品能符合环境友好、低消耗、安全、可循环的要求，从某种意义上讲，基于产品的绿色采购战略偏向于外在、显性（即直接可衡量）的管理，管理的对象往往是物质或物理活动。从供应链生产运营的视角看，物质产品的可持续运营包含了产品的设计（原材料使用）、产品的生产过程、产品使用中的副产品、产品分销以及产品生命（使用）周期后的管理几个阶段。很多研究认为绿色采购的起点在于供需双方能够协同提高原材料使用效率。除此之外，参与供需双方的生产流程、保证清洁生产、共同管理生产运营，是实现绿色采购的重要手段。与清洁供应生产相关联的一个因素是生产过程中过量生产的管理和副产品的处理，格林（Green et al.，1996）认为多余材料、产品、使用过的材料（纸、塑料、泡沫等）的绿色处理也是绿色采购的重要活动之一。同时生产过程中副产品或废弃物的处理也是绿色采购战略的重要组成部分，这包括实现废料的再利用、削减废料生产、对废料实施无害化处理等。在基于产品的绿色采购管理中，供应产品的分销以及生命周期管理也是整个闭环采购管理中的重要一环，因为供应产品的分销过程往往会产生大量的间接环境和社会成本，包括分销运输过程中的材料使用和材料的处理等。

基于流程的绿色采购战略是指将绿色理念整合进企业自身的供应商管理运作过程的流程导向型战略，其目的在于通过绿色流程和管理行为的建立以保证采购供应的可持续，更加强调管理体系、制度、理念、发展等隐性或软性的管理活动。从供应商管理活动的全流程看，它涵盖了从理念，到供应商调查、审核、行动、培训、绩效评价以及奖惩等全过程。绿色理念的推广指的是在采购环节加强绿色环保的意识，促进企业以及供应商重视采购供应对环境和社会的影响。除了意识和理念之外，供应商绿色环保信息的尽职调查是实施绿色采购的必要环节。在掌握供应商绿色环保信息的基础上，对供应商绿色管理体系进行审核是推动绿色采购的必要过程，包括供应商能与企业一起共同制订环保计划与决策，开展环保合作，以及加强对供应商的供应商进行绿色管理等。除此之外，对供应商进行必要的培训以及帮助供应商采取绿色运营活动也是优化绿色采购流程的重要途径。在绿色采购管理的流程中，建立和健全综合绿色采购绩效评价体系也被认为是管理的另一个关键环节，以全面反映绿色采购的整体效果和效率。在上述绩效评价的基础上，制定完善的奖惩体系，鼓励供应商积极从事绿色运作，成为了采购供应体系进一步优化的重要方面，以上几个方面共同构成了供应商绿色采购流程管理的闭环体系。

值得注意的是，企业的绿色采购战略已经超越了传统的采购职能的范围，从产品导向来看，绿色采购不仅要保证采购的原材料和包装材料的绿色环保，还包括企业自身产品的绿色环保，比如废料的再循环与再利用；从流程导向来看，绿色采购不仅要对供应商的绿色资质等进行评估和审核，还要注重自身流程的绿色以及积极与供应商进行绿色合作，共同促进供应链的绿色发展。

三、绿色采购涉及利益相关者的界定

文献综述部分，本书分别介绍了国外和国内学者对企业利益相关者分类的研究，到目前为止，还没有形成一个统一的利益相关者分类，原因正如Mitchell 和 Wood（1997）以及吴玲（2006）所提到的，利益相关者的分类具有动态性特点，会因企业自身的所有制性质、技术特征以及所处生命周期等的不同而存在差异。除此之外，本书认为企业在制定和实施不同战略时，不同利益相关者对企业的影响大小不同，即企业对利益相关者资源的依赖程度是不同的，所以应该针对不同的战略，用动态的思维进行利益相关者的分类研究。

本书的研究主题为企业的绿色采购战略对企业绩效的影响，绿色采购属于企业环境战略的一部分，所以依据杨东宁等（2007）在研究企业环境管理战略时对企业的利益相关者分类，本书将实施绿色采购战略的企业的利益相关者分为三类：对企业绿色采购战略有强大影响力的决策影响类利益相关者，包括政府、股东、债权人；与实施绿色采购战略的企业进行频繁交易活动的交易契约类利益相关者，包括供应商和客户；支持企业绿色采购战略实施的运营支持类利益相关者，包括员工、当地社区、环保主义者等。在本书中，由于我国绿色采购战略尚处于起步阶段，运营支持类利益相关者对企业绿色采购战略的影响作用较弱，所以本书主要探索企业对决策影响类以及交易契约类利益相关者的利益诉求满足与企业绿色采购战略以及企业绩效的关系。

决策影响类利益相关者决定了企业是否能够实施绿色采购战略。政府的影响主要靠制定相关法律法规进行规制和相关鼓励性政策进行激励，影响层面包括产业层面的影响和企业个体层面的影响。此外，实施绿色采购战略需要企业进行技术革新，加大研发投入，而良好的外部制度环境可以促进企业加大 R&D 投入，进而提高技术创新能力，政府在外部环境营造中发挥了重要作用；股东和债权人的影响主要通过评估企业实施绿色采购战略的成本和收益分析，做出是否追加投资或资金回收等决策，这是企业实施绿色采购的直接资金来源。此外，股东可以通过股东大会的表决制度，决定企业能否实施绿色采购战略。

交易契约类利益相关者主要是影响企业实施绿色采购的效果。供应商的影响比较容易理解，从绿色产品角度讲，供应商生产的绿色产品即为采购商的原材料，直接决定了企业生产源头的绿色。从绿色流程角度讲，企业的绿色采购战略需要供应商的积极配合，绿色采购的管理流程不是以企业自身环境管理作为主体，而是扩展到上游供应商的统筹安排，所以需要双方建立战略合作关系，共同实施绿色战略；随着可持续发展的逐步开展，客户的绿色价值取向直接决定了企业生产的产品和流程的绿色，通过向企业发出绿色需求信号，促使生产企业实施绿色采购战略。当今社会，"客户是上帝"已被企业界所认同，企业的产品只有得到下游客户的认可，才能做到可持续发展。

第二节　研究框架的建立

虽然多数研究支持了绿色采购战略对企业绩效的直接影响，但学者们对绿色采购战略与企业绩效的关系还存在争议，现有理论并未清晰地指出企业绿色采购战略到底通过何种途径影响企业绩效。根据本书第一章主要概念与研究范围的界定，以及第二章相关文献的回顾，基于资源基础观和利益相关者理论，在环境管理和绿色供应链管理已有研究的基础上，本书引入了运营效率和利益相关者满足两个概念，来探索企业绿色采购战略与绩效之间的内部关系。

1. 运营效率的中介作用

绿色采购并非权宜之计，是一种长期的企业战略，它所能带来的收益具有不明确性和长期性。尽管许多企业已经看到了绿色采购的潜在价值，但没有真正地去采取相应的战略，以做到不违法为标准。众所周知，企业有追求利润的天性，只有某个战略能够明确带来经济绩效时，企业才会予以考虑。因此，绿色采购战略提升企业绩效的隐藏性和长期性是制约企业采取绿色采购实践的首要原因，尤其对发展中国家而言，经济不够发达，企业在进行类似绿色采购这样的收益不确定性战略选择时，显得更加谨慎。

在理论界，学者们对于绿色采购与企业绩效之间关系的研究结论不一，大部分研究认为绿色采购战略能够提升企业绩效，少数研究得到了两者负相关或者不相关的结论。本书分析出现这种研究差异的原因除了数据来源和量表设计不同以外，主要原因还可能是绝大多数学者均是研究了企业绿色采购战略与企业绩效的直接关系，而没有考虑两者之间的内在作用机制。Green 等（2012）研究企业绿色供应链实践以及对绩效的影响，通过访谈企业的经理人，获取相应数据，并用结构数据方程进行数据处理。文章提出了内部绿色管理与绿色信息系统两个前因变量，绿色实践行为有绿色采购、投资回收、绿色设计以及与客户的协作，绩效有环境绩效、经济绩效、运营绩效以及组织绩效，结果发现，绿色采购对企业的运营绩效和组织绩效均有正向影响，并验证了运营绩效在绿色采购与组织绩效之间的中介作用。

绿色采购战略如同绿色供应链战略一样，对于企业绩效的影响，一部分有直接作用，还有一部分可能是通过提高运营效率和运营绩效间接提高企业绩效，基于此，本书引入了运营效率作为中介变量，如图 3-1 所示，研究企业绿色采购战略与企业绩效的内在关系。

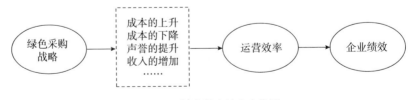

图 3-1 运营效率的中介作用

由前面对运营效率的综述可以看出，影响企业运营效率的主要是投入与产出、成本与收入的比率。企业实施绿色采购战略，首先，会增加企业的人力成本、研发成本以及原材料成本等；其次，能够降低企业的管理费用、交易成本以及治污成本等；最后，由于绿色产品的价格较同类产品较高，以及绿色采购能够提升企业的名誉进而提高市场占有率，所以绿色采购战略能够提高企业的销售收入。

2. 利益相关者满足的调节作用

绿色采购是一个系统工程，需要投入很多种类的资源。国外企业绿色采购战略的实施已经较为成熟，而国内企业多数还处于起步阶段。易军等（2006）在对比研究中外企业选择供应商的标准时，发现中国企业更重视法规，而美国企业接受环境保护教育比较多，在选择供应商时，对有害材料的关注明显高于对法规的关注。在成本因素方面，包括绿色产品生产成本和使用绿色包装成本等，对中国企业选择供应商的影响明显高于美国企业，说明对于成本的顾虑是我国企业绿色采购发展缓慢的一个重要因素。

在我国，很多企业已经开始实施绿色采购战略，但是实施效果差异很大，有的企业绿色采购战略仅局限于采购不违反环保法的原材料，而有的企业，比如深圳的华为、理光等，不仅做到了选择绿色供应商，而且积极与供应商开展绿色技术协作。究其原因，从前文对绿色采购影响因素的综述可以看出，影响企业实施绿色采购的因素有很多，学者们从不同角度给出了不同结论。Carter和 Jennings（2001）研究企业与供应商关系对企业社会责任采购战略与供应商绩效表现的调节作用，研究发现，企业与供应商的关系能够促进企业实施社会责任采购，进而提高供应商的表现；Correa 和 Sharma（2003）引用资源基础理论，从一个权变的资源观视角，研究企业是否运用现有的资源和能力去实施积极的环境战略及对竞争优势的影响，引入了环境的三个特性，即动态性、复杂性、包容性，作为调节变量，来研究企业积极的绿色战略带来的竞争优势效果；Zhu（2007）引用制度理论，研究制度压力对企业绿色供应链战略和绩效表现的调节作用，将绿色供应链管理实践分为五类：内部环境管理、绿色采购、生态设计、顾客合作以及投资回收，研究发现，制度压力部分调节绿色采购与绩效之间的关系。

本书基于资源基础观和利益相关者理论，借鉴 Carter 和 Carter（1998）对绿色采购外部影响因素研究以及 Maignan 和 McAlister（2003）对利益相关者在企业实施社会责任采购中发挥作用的研究，引入了利益相关者满足作为调节变量，如图 3-2 所示，研究利益相关者满足对企业绿色采购实施效果的影响。

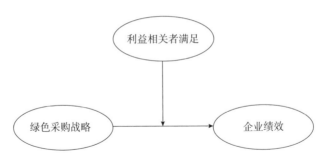

图 3-2　利益相关者满足的调节作用

企业各方利益相关者主要是通过投入各种资源和要素对企业绿色采购实施效果产生影响，企业只有分析并满足他们的利益诉求，维持良好的利益相关者关系，才能取得实施绿色采购战略所需要的资源，比如资金、政策等。值得注意的是，供应商和客户属于交易契约类利益相关者，他们与企业交易频繁，能够直接影响企业的投入与产出，所以主要是通过影响企业的运营效率间接影响企业绩效，而股东、债权人和政府属于决策影响类利益相关者，他们对企业运营效率的营销相对较小，而是能够通过投入经济性资源和政策性资源，直接影响企业绿色采购战略的实施效果，比如政府对绿色产品的优惠政策的出台能够直接提高企业的经济绩效。

通过前面分析，本书在相关文献综述的基础上，基于资源基础观和利益相关者理论，分别引入了运营效率作为中介变量，利益相关者满足作为调节变量，来探究企业绿色采购战略对企业绩效的内部影响关系。其中绿色采购战略分为基于产品的绿色采购战略和基于流程的绿色采购战略，利益相关者包括供应商、客户、政府、股东和债权人，如图 3-3 所示。

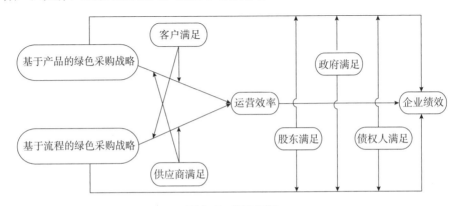

图 3-3　研究框架

第三节　基本假设的提出

绿色采购战略给企业带来的价值提升具有隐藏性和长期性的特点，所以其实施需要企业付出很多努力以克服遇到的阻力因素，特别是要实时关注利益相关者们的利益诉求，保证实施绿色采购所需资源的供给。依据前文的文献综述和框架分析，本节将依次提出相关假设。

一、绿色采购战略与企业绩效

大量研究表明，实施绿色采购战略能够提升企业的经济绩效、环境绩效以及运营绩效，其中对经济绩效的影响主要是满足消费者绿色需求，提高市场份额；重复利用原材料和包装材料，降低生产成本和治污成本；优化企业内部管理流程，较少管理费用；增进供应商关系，降低交易成本（监督成本、沟通成本、招投标费用等）。此外，实施绿色采购战略需要企业重视环境问题，主动应对各种环境规制，可以带来新的、竞争对手难以模仿的竞争优势（Barrett，1992；Dean and Brown，1995；Porter and Linde，1995），从而提高企业的核心竞争力。

对于实施基于产品的绿色采购战略的企业而言，其最终目的是提高企业经济绩效。如今消费者绿色意识正逐步增强，本着对环境的负责和自身安全健康的保障，多数消费者表示愿意购买绿色产品。绿色产品由于前期投入成本高导致其售价相比同类的普通产品较高。其中，拥有国家相关绿色认证的产品能够在政策指导下拓展销售渠道，提高产品的市场占有率。绿色采购战略是企业环境战略的重要组成部分，也是企业履行社会责任的重要途径（Fiksel，1995），实证结果表明绿色采购在提高公司环境绩效的同时还能提高公司的商业绩效。Carter（2000）研究发现，企业的绿色采购战略与企业净利润成正比；Liu Bin和Zhao Rong（2008）以及刘彬和朱庆华（2009）的研究均发现，绿色采购战略提升了企业的正面财务绩效；另外，绿色采购通过采购循环可再用的原材料和商品等，能够节约资源，减少企业废弃物的排放，在很大程度上降低了污染治理的成本。Stock（1992）认为，绿色采购可以通过减少末端处理成本、节省企业资源等使企业获得经济利益；Handfield（1993）指出，采购企业可以通过参与供应商的产品设计和生产过程，实现企业原材料的再循环和再利用，降低企业原材料成本。

对于实施基于流程的绿色采购战略的企业而言，首先，绿色采购的实施需要企业内跨部门的协作（杨红娟，2008），意味着需要打破原有的内部管理模式和组织结构（Murray，2000），从而提升企业内部的跨部门协作能力，优化企业的业务流程，提高企业办事效率，逐步消灭解决问题导向型或者"消防"型管理模式（Mont and Leire，2009）；其次，绿色采购战略的实施除了需要对供应商进行绿色信息的调查、审核和监督外，更重要的是需要与供应商建立长久的战略合作关系，共同制订环保计划与决策，对供应商进行环保相关培训以及帮助供应商实施绿色环保行动。与供应商的紧密合作，能够增加彼此信任，降低交易成本，防范供应商的机会主义可能带来的风险，促进企业和供应商的共同发展。Zhu 和 Cote（2004）对贵糖集团的绿色供应链管理进行案例研究时指出，贵糖集团通过提供技术、政府扶持和提供有机肥料等形式，与供应商 —— 蔗农共同开辟了新式的农业发展之路，在促进供应商发展的同时提高了自身产品质量、环境绩效和成本优势等。由此可以看出，绿色供应链管理实施的关键因素之一就是与供应商建立长期紧密的合作关系，进而提升企业的经济和环境绩效。

基于以上的分析，本书提出如下假设：

H1：绿色采购战略对企业绩效具有正向的影响；

H1a：基于产品的绿色采购战略对企业绩效具有正向的影响；

H1b：基于流程的绿色采购战略对企业绩效具有正向的影响。

二、运营效率的中介作用

企业运营效率是指在运营管理中提高企业生产率，即利用有限的资源产出最大收益，绿色采购通过降低企业各种运营费用和成本，提高资源的利用率，实现废料的循环再利用，增加企业销售收入，整体上能够提升企业的运营效率，进而提升企业的绩效。Liu Bin 和 Zhao Rong（2008）研究中国制造业的绿色采购实践以及对企业绩效的影响，结果表明绿色采购实践能够提升企业的运营绩效；刘彬和朱庆华（2009）在对 275 家制造企业的实证分析后，也得出了类似结论，即企业绿色采购战略能够提升企业的运作绩效；Green 等（2012）在研究企业绿色供应链实践与企业绩效的关系时，验证了运营绩效在绿色采购与组织绩效之间的中介作用。

基于产品的绿色采购战略主要是集中于绿色供应商的选择以及企业自身产品的全程绿色生产。企业选择绿色供应商，通过使用绿色环保的原材料和包装材料可以避免违规带来的额外成本。同时由于控制住了污染源，企业可以缩减污染治理成本；绿色采购的实施是企业真正走上产品全过程管理模式的开始，企业生产绿色产品需要内部各部门之间的协商与配合（朱庆华、耿勇，2002），能够增加企业柔性，提高企业运作效率。此外，如前面所讲，随着消费者绿色意识的逐步增强，购买绿色产品已经成为一种潮流和必然选择，绿色产品具有较高的绿色附加价值，因而价格较同类产品偏高，随着市场占有率的扩大，绿色采购能够提高企业的销售收入。

基于流程的绿色采购战略能够促使企业与供应商建立长期稳定的合作关系，能够让企业节约大量的供应商管理费用。包括：由于对供应商不信任而产生的监督成本、采购企业与供应企业的信息沟通成本、订单成本（由于集中填写订单取代了零散填写订单）和不断选择供应商的招投标费用。同时，在提高采购效率方面，绿色采购倡导运用更加透明、公正的方式合理选择产品和服务，利用先进信息技术，在传统采购模式基础上引入电子信息和互联网技术，实现多个采购业务环节的在线操作，大幅提高处理的速度和准确度，最终提高企业采购的效率。此外，企业通过建立完善的供应商信息数据库、商品信息库、交易资料库等，加强与供应商的信息共享，实现资源的全面共用，最终提高供需双方的合作效率。

基于以上分析，本书提出以下假设：

H2：绿色采购战略通过企业运营效率对企业绩效产生正向影响；

H2a：基于产品的绿色采购战略通过企业运营效率对企业绩效产生正向影响；

H2b：基于流程的绿色采购战略通过企业运营效率对企业绩效产生正向影响。

三、利益相关者满足的调节作用

企业的本质是利益相关者的契约集合体，这些利益相关者实际上对企业处于一种共同治理状态，为实现预期目标，不同利益主体需向企业投入不同类型的专用性投资，投入专用性投资的数量和质量将影响企业各种战略的实施，进而影响企业价值。Pfeffer 和 Salancik（1978）认为利益相关者控制企业或者组织的资源，而这些资源通过促进或提高企业决策的执行效果，进而提升企业的经济绩效。从企业战略视角看，对利益相关者利益诉求的满足是企业获取竞争优势的一种方式（Dyer et al., 1998），能够调动其参与企业战略实施的积极性；从资源基础观的视角看，由企业所有的利益相关者构织而成一张关系网络，企业可以深度挖掘其中的潜在资源和能力，在此基础上企业能够更好地去实施各种战略。

如前文所述，Berman 等（1999）在 Freeman（1984）对企业利益相关者定义的基础上，提出了两种典型的利益相关者管理概念，本书引用其第二个模型，即企业与各利益相关者之间的关系能够影响企业战略对企业绩效的作用。企业要在激烈的市场竞争中实现可持续发展，在制定战略时，必须要考虑利益相关者的利益诉求。所以，企业实施绿色供应链管理时，协调各个利益相关者的利益诉求至关重要（曹景山、曹国志，2007）。Huang 和 Kung（2010）探索了外部、内部以及中介类利益相关者对企业的期望与企业绿色环保信息披露之间的关系，结果表明企业利益相关者的利益诉求越高，企业披露的环境信息越多。杨东宁等（2011）研究利益相关方参与企业的环境管理时发现，运营支持类利益相关者参与能够影响企业的环境管理策略，对企业竞争优势有显著的正面影响，作为环境战略构成要素的绿色采购战略自然也不例外。

1. 交易契约类利益相关者满足的调节作用

企业的交易契约类利益相关者主要是指供应商和客户，满足他们的利益需求就是要处理好企业的上下游关系，这是企业成功实施绿色采购战略的保障，所以，企业应该发现并尽可能满足他们的利益诉求，保证绿色采购战略的实施效果。基于供应链管理的视角，企业运营效率成本，即内部消耗成本是指企业生产运营过程中发生的组织运行成本，属于企业的刚性支出，直接影响产品成本形成过程，良好的供需关系可以降低供应链运营效率成本，从而提高企业的经营效率。

Clarkson（1995）将供应商和顾客划入首要的利益相关者，若不能满足供应商和客户的利益需求，导致他们全部或部分地退出，那么公司经营活动就会受到严重影响。企业与供应商、客户间单纯的市场交易关系正在转变为相互信任的长期合作关系。有研究发现，长期与一个或特定几个供应商保持稳定合作关系的企业，比那些同时拥有很多供应商但关系不稳定的企业具有更高的绩效水平；Maloni 和 Benion（1997）认为供应链中的合作关系可以通过降低总成本、降低供应链上的库存和增加信息共享水平来提高每个成员的财务和绩效。

（1）供应商满足的调节作用。

相对供应商而言，企业位于其供应链的下游，企业稳定的需求是对供应商最好的满足（曹景山、曹国志，2007），出于自身利益考虑，供应商会相应关注下游企业的管理及经营情况。Tate 等（2011）从交易成本经济学和制度理论的视角出发，研究供应商实施环保行为的动力。研究发现，供应商感知到的获取环保的信息成本、议价成本以及实施成本会抑制其采取环保行为，而如果感知这些额外成本是维持与采购商关系所必须的，那么会促进供应商实施环保行为。借助制度理论得出：供应商收到采购商强制性要求、行业规范的压力以及竞争者的参与均会促进其实施环保行为。

绿色采购是在充分考虑环境因素的前提下，通过供需双方的紧密合作，以使产品在整个生命周期中对环境的影响最小为目的而采取的一系列行动（刘彬，2008）。企业的绿色采购战略需要供应商的积极配合，绿色采购的管理流程重点不是企业自身的环境管理，而是与上游供应商在各方面的协调和配合。企业只有采取风险最小化的前提下能够获取竞争优势的供需协作模式，与供应商建立长期的战略合作关系，才能得到供应商的积极配合，保证企业绿色采购战略的顺利实施，从而提高企业运营效率。

基于产品的绿色采购战略主要是选择绿色原材料和企业自身产品的绿色管理，通过与供应商的协作能够提高原材料的利用效率，通过参与彼此的产品设计或生产流程，能够降低供应链运营效率成本，从而提高企业实施绿色采购战略的效果，即更好地提升企业运营效率；基于流程的绿色采购战略主要是对供应商环保信息的调查、环保体系的审核以及与供应商进行环保协作，如果企业不能满足供应商的利益诉求，那绿色采购会受到供应商的抵触和抵制，带来供应商机会主义风险，比如没有按企业要求提供合格的绿色原材料或者隐瞒企业的违规生产情况等，导致企业名誉受损，进而降低企业的运营效率，2011 年的蒙牛"致癌门"事件正是由于供应商的机会主义引起的。基于以上分析，本书提出以下假设：

H3：供应商满足正向调节绿色采购战略与企业运营效率的关系；

H3a：供应商满足正向调节基于产品的绿色采购战略与企业运营效率的关系；

H3b：供应商满足正向调节基于流程的绿色采购战略与企业运营效率的

关系。

（2）客户满足的调节作用。

企业作为供应链上游企业，是客户的供应商，提供的产品或服务需要考虑下游企业的特定利益需求，因为客户可以通过自己的购买行为对企业施加压力，从而影响企业的环保行为，企业感受到的客户压力越大，企业的环保绩效越好（邓德军、肖文娟，2011），客户的选择偏好有助于驱动企业的环保行为（Albino等，2009），企业通过分析和满足客户的利益诉求，维持良好的客户关系，将会增添企业实施绿色采购的动力，进一步提升企业运营效率。

基于产品的绿色采购战略是围绕原材料使用和产品生产的绿色为中心，无论企业的产品还是服务最终必须在市场上接受下游客户的挑选，客户偏好的绿色化倾向将会直接影响企业产品和服务的市场价格，通过提高企业销售收入来提高企业运营效率。如果企业能够很好地满足客户的利益诉求，则其产品和服务的价格即使偏高，也能够被客户所接受，保证企业运营效率的提高；基于流程的绿色采购战略需要企业掌握下游客户对"绿色"的追求，通过形成与客户的绿色互动，参与彼此的产品设计或者生产，学习客户实施绿色供应链管理或绿色采购的经验，并在企业中进行推广，不但可以获得客户认可，还可以保证企业绿色采购战略的顺利实施，进而提高企业运营效率。值得一提的是，供应链中的一部分核心企业已经要求其供应商通过环境体系的认证等，比如福特公司要求其在世界各地的供应商通过 ISO14001 认证。基于以上分析，本书提出以下假设：

H4：客户满足正向调节绿色采购战略与企业运营效率的关系；

H4a：客户满足正向调节基于产品的绿色采购战略与企业运营效率的关系；

H4b：客户满足正向调节基于流程的绿色采购战略与企业运营效率的关系。

2. 决策影响类利益相关者满足的调节作用

（1）政府满足的调节作用。

政府对企业绿色采购的影响是政府环境管理职能在采购领域的体现，在解决环境污染与生态破坏而导致的问题时，通常需要政府干预，在采购领域也不例外。政府主要通过经济、法律、行政等手段进行环境规制或政策激励，确保企业产品符合国家的相关标准，比如，运用财政、税收等优惠减免政策激励绿色产品的生产与消费，并对破坏环境的生产经营行为进行惩罚，扶持绿色产业发展。此外，近年来，随着企业环境信息公开制度的建立和完善，政府引入了利益相关者参与企业环境管理，促使企业积极承担生态责任。

Adar 和 Griffin（1976）提出了政府环境规制的两种做法，首先是政府直接决定允许生产企业排放的污染总量；其次是由生产企业决定废物排放量，进而根据其排放量支付相应的排污费。政府针对绿色采购的激励政策，可分为经济激励和政策倾斜激励，由于财政资金的有限以及大型企业对经济激励的麻木，单靠经济激励刺激企业的绿色采购行动远远不够，而通过政策倾斜，承诺给实施绿色采购的企业以放宽政策或优惠政策待遇，促进其更快的发展，这是企业需要的。

基于产品的绿色采购战略的成功实施需要一个健全的市场环境，政府通过监督市场竞争，提供给企业所需服务，进而构建良好的市场竞争环境。对于绿色经济的发展，政府可以运用宏观调控手段，制定相关法规制度和政策体系，通过价格管制等保证企业的绿色产品的市场占有率。政策和激励机制是企业进行绿色供应链管理的外部动力（杨红娟，2007），比如政府对制造商和供应商的经济鼓励（提供部分津贴、税收和进出口方面给予优惠）、商誉鼓励（颁发相关证书）等；Salam（2007）研究泰国企业社会责任采购的驱动因素时发现，政府政策对企业实施社会责任采购起到促进作用。

基于流程的绿色采购战略可以通过与政府的合作，共享供应商信息，减少企业的绿色供应商审核和监督成本等，与政府一起对供应商进行指导和培训，最终实现"三赢"。此外，参与政府绿色采购信息平台的建设，为了使企业采购人员及时了解绿色采购的信息，需要建立一个供应商、采购商、消费者之间的信息平台，不断地更新国内外最新的绿色采购产品和技术信息，并定期公布符合绿色采购的品牌清单和进行绿色采购的机构名单，给企业采购提供指引和帮助，保证企业绿色采购的顺利实施。

基于以上分析，本书提出以下假设：

H5：政府满足正向调节绿色采购战略与企业绩效的关系；

H5a：政府满足正向调节基于产品的绿色采购战略与企业绩效的关系；

H5b：政府满足正向调节基于流程的绿色采购战略与企业绩效的关系。

（2）股东满足的调节作用。

股东以获利为目的而对企业进行投资，所以企业的经营管理状况关系着股东利益。企业实施绿色采购战略需要优化资源配置，提高运营效率，向市场提供差异化的产品或服务，最终获取独特的竞争优势，在激烈的市场竞争中实现可持续发展，从而满足股东利益。美国 Levent 调查公司 1999 年对随机抽样的 1200 名股东进行问卷调查发现，他们在回答将资金优先投往哪一类项目的问题时，"用于环保投资"和"生产更安全的商品"排在前两位，这表明股东出于安全性的考虑已经具有了环境意识。

企业实施基于产品的绿色采购战略意味着企业重视环境保护，从原材料采购到企业自身的产品全程管理，可以减少排污治理费用，取得良好的环境绩效，有研究表明，资本市场对企业环境绩效的信息对有较大的反应（Hamilton，1995；Lanoie，1998）。企业通过满足股东的利益诉求，股东会增加对公司股票的购买，这为实施基于产品的绿色采购战略奠定了资金基础；实施基于流程的绿色采购战略更加表明了企业进行环境保护的决心，企业选择打破原有的自身和供应链组织结构，克服绿色采购企业内的负外部性（杨红娟，2008），重构与供应商的关系，提高信息的集成度和共享度（谭顺勇、王明超，2008），这些都需要得到股东的资金支持。基于以上分析，本书提出以下假设：

H6：股东满足正向调节绿色采购战略与企业绩效的关系；

H6a：股东满足正向调节基于产品的绿色采购战略与企业绩效的关系；

H6b：股东满足正向调节基于流程的绿色采购战略与企业绩效的关系。

（3）债权人满足的调节作用。

债权人是企业资金的另一个主要提供者，企业占用债权人的资金，理应对债权人承担到期还本付息和保证借贷安全的责任。公司的债权人分为两种，一种是因商业信用往来形成的债权人，一种是因借贷关系形成的债权人。近年来，债权人的绿色环保意识逐步增强，出于资金安全性的考虑以及相应国家有关政策的号召，企业的环保审核已成为他们在对企业进行投资时必须考虑的因素之一。2007 年，我国启动了"绿色信贷"政策，运转模式为环保部门向银行机构提供环保违法企业的详细信息，银行机构据此取消对其信贷甚至收回已发放的贷款，保证从源头上切断绿色违规企业的资金链。

企业在实施基于产品的绿色采购战略时，必须投入很多新设备，加快新产品的研发以及绿色采购项目的开展，需要大量资金的支持，这主要通过企业进行融资活动完成，最常用的就是发行债券，因此，企业对债权人利益诉求的满足度决定了他们是否愿意投资企业的环保项目；同样道理，当企业的债权人发现企业实施基于流程的绿色采购战略时，比如对供应商进行环保培训、与供应商一起制订环保计划与决策，这从一定程度上说明该企业是一个注重可持续发展的企业，债权人愿意为这样的企业注资。基于以上分析，本书提出以下假设：

H7：债权人满足正向调节绿色采购战略与企业绩效的关系；

H7a：债权人满足正向调节基于产品的绿色采购战略与企业绩效的关系；

H7b：债权人满足正向调节基于流程的绿色采购战略与企业绩效的关系。

本章小结

首先，分析了绿色采购的研究基础，包括环境管理与绿色供应链管理、绿色采购战略的研究维度划分以及对企业绿色采购战略涉及的利益相关者进行了界定。其次，在文献综述和关键概念界定的基础上，引入了企业运营效率和利益相关者满足这两个概念，探索企业绿色采购战略与绩效之间的内在关系，即运营效率作为中介变量，利益相关者满足作为调节变量，研究框架如图3-3所示。最后，根据文献综述和框架分析，提出了本书的具体假设，如表3-1所示。

表3-1 基本假设列表

	假设内容
H1a	基于产品的绿色采购战略对企业绩效具有正向的影响
H1b	基于流程的绿色采购战略对企业绩效具有正向的影响
H2a	基于产品的绿色采购战略通过企业运营效率对企业绩效产生正向影响
H2b	基于流程的绿色采购战略通过企业运营效率对企业绩效产生正向影响
H3a	供应商满足正向调节基于产品的绿色采购战略与企业运营效率的关系
H3b	供应商满足正向调节基于流程的绿色采购战略与企业运营效率的关系
H4a	客户满足正向调节基于产品的绿色采购战略与企业运营效率的关系
H4b	客户满足正向调节基于流程的绿色采购战略与企业运营效率的关系
H5a	政府满足正向调节基于产品的绿色采购战略与企业绩效的关系
H5b	政府满足正向调节基于流程的绿色采购战略与企业绩效的关系
H6a	股东满足正向调节基于产品的绿色采购战略与企业绩效的关系
H6b	股东满足正向调节基于流程的绿色采购战略与企业绩效的关系
H7a	债权人满足正向调节基于产品的绿色采购战略与企业绩效的关系
H7b	债权人满足正向调节基于流程的绿色采购战略与企业绩效的关系

第四章 研究方法

由于绿色对于企业来说是一个敏感话题，所以采用问卷研究获取的样本可靠性值得商榷，所以本书采取二手数据处理方法来测量研究涉及的所有变量。

第一节 样本特征与数据来源

一、样本特征描述

本书研究对象为中国 A 股上市公司中发布了 2011 年社会责任报告的企业，截至 2012 年 4 月 30 日，我国 A 股上市公司（简称上市公司）中有 586 家发布社会责任报告、环境报告、可持续发展报告（统称社会责任报告或 CSR 报告）共 592 份，较 2011 年的 531 份同期增长了 11.49%，上市公司社会责任报告发布数量稳步上升。从板块分布来看，沪市主板、深市主板、中小板和创业板社会责任报告的发布数量均有上升，分别达到 351 份、123 份、98 份和 20 份。

按照证监会的行业分类标准，根据已有的绿色相关研究，本书选定了八个行业中发布社会责任报告、环境报告和可持续发展报告的企业，即服务产业中的批发和零售贸易、信息技术业、房地产业，制造业中的食品和饮料、医药和生物制品、电子、纺织和服装以及金属和非金属，并按照以下标准进一步筛选样本：

第一，剔除在三年内被 ST 的公司，ST 公司其经营绩效脱离了上市公司的普遍水平，其生产经营出现了巨大的非正常干扰因素（周建等，2009）。

第二，剔除在 2012 年以后上市的公司，基于社会责任报告和可持续发展报告等发布的数量考虑，2010 年以前发布的企业过少，所以本书选取的是上市公司 2011 年的数据，2012 年以后的公司财务数据等缺失，予以剔除。

第三，剔除期间行业类型发生重大变更的公司，避免因上市公司合并重组或者其他重大变更而对公司价值产生的异常影响（林勇等，2009）。

经筛选，最终得到 206 家企业样本，其中，服务产业 67 家，制造业 139 家。

1. 企业性质和行业分布描述

从企业的行业分布来看，如表 4-1 所示，数量上没有很大的差异，以金属和非金属最多（53 家），占样本量的 25.73%。纺织和服装最少（13 家），占样本量的 6.31%；从企业的性质分布来看，总体上国有企业的数量（127 家，61.65%）多于非国有企业（79 家，38.35%），具体到行业层面，纺织和服装的 13 家样本企业中，只有 1 家是国有企业，信息技术业的 16 家样本中，国有企业和非国有企业各占一半，剩余的 6 个行业中，国有企业的数量均明显地多于非国有企业。

表 4-1　企业性质和行业分布描述

分类	国有企业（家）	占比（%）	非国有企业（家）	占比（%）	总计（家）	占比（%）
批发和零售贸易	10	4.85	5	2.43	15	7.28
信息技术业	8	3.88	8	3.88	16	7.77
房地产业	22	10.68	14	6.80	36	17.48
食品和饮料	15	7.28	5	2.43	20	9.71
医药和生物制品	17	8.25	15	7.28	32	15.53
电子	14	6.80	7	3.40	21	10.19
纺织和服装	1	0.49	12	5.83	13	6.31
金属和非金属	40	19.42	13	6.31	53	25.73
合计	127	61.65	79	38.35	206	100.00

2. 企业年龄特征

从企业年龄来看，如表 4-2 所示，所选取的样本企业成立时间跨度较大，既有刚成立 3 年多的智飞生物和国民技术，也有成立近 30 年的天虹商场。本书按照企业的年龄将 206 个样本分为 4 组，分别是成立 0~10 年、10~20 年、

20~30 年以及 30 年以上，企业年龄在 20 年之内的有 179 家，占比达到 86.9%，其中又以制造业居多，有 130 家，而年龄在 20 年到 30 年之间的企业中，服务产业占 2/3，多于制造业。此外，样本中不论是制造业还是服务产业，均没有超过 30 年的企业。

表4-2 企业年龄分布

企业成立年限	服务产业（家）	占比（%）	制造业（家）	占比（%）	总计（家）	占比（%）
0~10	5	2.43	9	4.37	14	6.80
10~20	44	21.36	121	58.74	165	80.10
20~30	18	8.74	9	4.37	27	13.11
≥ 30	0	0	0	0	0	0
合计	67	32.52	139	67.48	206	100.00

3. 企业业务分布特征

从样本企业国际业务收入占比来看，如表4-3所示，在 106 家开展了国际业务的样本企业中，制造业的数量为 87 家，明显多于服务产业的 19 家，说明我国服务产业的企业还是以国内业务为主。

表4-3 企业业务分布

国际业务收入占比（%）	服务产业（家）	占比（%）	制造业（家）	占比（%）	总计（家）	占比（%）
0.00	48	23.30	52	25.24	100	48.54
0.00~10.00	11	5.34	35	16.99	46	22.33
10.00~50.00	5	2.43	38	18.45	43	20.87
50.00~100.00	3	1.46	14	6.80	17	8.25
合计	67	32.52	139	67.48	206	100.00

二、数据来源

已有的关于企业绿色采购（绿色供应链）和企业绩效的研究，其数据主要分为三类：第一类是定性研究，通过理论综述（Hart，1995）或者企业案例分析（Ken Green，1998；Boiral，2007）研究两者关系；第二类是通过发放问卷，获取一手数据，构建绿色采购（绿色供应链）和企业绩效测量的不同纬度，定量研究两者的关系（Carter，2000；Min and Galle，2001；Carter，2001；Carter，2005；Qinghua Zhu，2007；Liu Bin and Zhao Rong，2008；Green Jr，2012）；第三类是通过事件分析法（Knowles，2000）、文本编码等方式获取二手数据，定量研究两者的关系，但仅有几篇相关文章。

由于绿色对于企业来说是一个敏感话题，所以采用问卷研究获取的样本可靠性值得商榷，所以本书采取二手数据处理方法来测量研究涉及的所有变量，绿色采购变量相关数据的获取途径是企业年报、企业社会责任报告、企业环境报告、企业可持续发展报告、企业网站披露信息，运营效率、利益相关者满足和企业绩效有关数据的获取途径是国泰安经济金融研究数据库、Wind 资讯金融、巨潮资讯网、新浪财经等。社会责任是上市公司可持续发展的重要内容，是树立上市公司形象、增强核心竞争力的有效手段，也是上市公司科技创新和转变经济增长方式的重要举措。

企业社会责任包括社会对企业的经济、法律、伦理和慈善的期望（Carroll，1979）。在本书研究中，企业的社会责任报告是重要的数据来源之一，本书通过多种渠道，比如公司网站、巨潮资讯网以及新浪财经等，收集了 206 家企业的社会责任报告，值得注意的是，有的企业在前期不叫企业社会责任报告，而是叫企业环境报告或企业可持续发展报告。

第二节　数据收集

一、数据收集方法

本书数据的收集分为三类：首先，利益相关者满足、运营效率以及企业绩效均采用二手财务数据进行测量或替代测量，收集途径主要是国泰安经济金融研究数据库、Wind 资讯金融数据库，并将获取的数据经过进一步处理和加工；其次，一些控制变量的数据，比如企业国际业务占比、企业性质等均通过企业年报和企业网站等进行手工整理获取；最后，企业绿色采购战略的测量，是在对已有相关文献整理和加工的基础上，分别得到基于产品和基于流程的绿色采购战略维度，进而采取内容分析法，对企业的年报、企业社会责任报告、企业环境报告、企业可持续发展报告、企业网站披露信息等进行编码分析，最终得到本书所需的计量数据，这也是本书数据处理工作量最大的地方，具体测量方法将在后面介绍，下面将内容分析法的运用进行总结。

内容分析法已经在国内外的社会科学研究领域中都得到了广泛的应用（邱均平，2005），在形成与发展过程中逐步形成了一套规范的程序，实施步骤如下：

（1）明确研究需要的支撑理论和主要原理。

（2）概念化方案的确定。确定研究中需要用到多少个变量以及如何去界定。

（3）操作方式的选择。选择与概念化方案相匹配的操作方式，确保涉及变量能够达到操作化水平。本书综合运用解读式内容分析法和实验式内容分析法，以专业判断为基础全面分析文字资料，整理分析条目和分析单元，经过与业内专家等沟通交流后确定总结关键点，最终确定分析类目和单元，并据此对所有文字资料进行编码。

（4）编码计划的建立。本书采用的是手工编码，详细解释涉及的变量、确定编码的格式以及手册使用的规则，为提高编码的信度，通过对编码人员进行培训使其达成对内容全面、一致的理解。首先花费一周时间对编码人员进行培训，要求编码人员能够了解本书设计的思路和研究意图，深度参与研究设计的讨论；掌握编码的流程和技巧，理解每个测量变量的含义和维度，以统一的方式进行编码。然后通过小样本的预测，与编码者进行讨论修订变量定义及编码手册，最终在达到较高的内容分析信度时，才开始对研究的总样本进行编码。

（5）抽样。受各种条件限制，研究者不可能对全部信息进行研究，而需通过随机抽样或者典型抽样，选择最有利于分析目的、信息含量大、具有连续性的文本信息进行研究。根据以往学者的研究，本书仅对批发和零售贸易、信息技术业、房地产业等八个行业中的上市公司进行分析，选取的样本具有较好的典型性。

（6）进行编码。为控制编码的质量，通常要求两人以上进行评判记录。在本书研究中，共有四位编码人员独立编码，根据统一的编码手册进行评判结果的记录，取得量化后的数据结果。四位编码人员均有着良好的教育背景，有经济管理硕士学历，具备相应的知识基础。

（7）信度检验。计算每个变量编码的可信度。如有需要，可做进一步分析。

（8）制作表格并报告。

二、数据收集流程

本书研究需要大量的二手数据，其中一些变量的数据是可以通过下载且进行手工整理获取，而本书研究的主体，即企业绿色采购战略实施的数据来源主要是企业社会责任报告、年报、企业环境报告、企业可持续发展报告、企业网站资料等大量文字资料，主要运用内容分析法分析这些二手数据资料，因此工作量和精力耗费都非常大，是本书实证研究的重要环节。本书利用内容分析法的工作流程如下：

（1）确立分析对象。本书出于研究数据真实性的考虑，因此没有对研究内容进行抽样,选取样本内容编码。而是根据206家企业2011年的社会责任报告、企业年报等大量文字资料，认真阅读并分析，从而判断是否符合研究需要，在此基础上进行编码。

（2）确定分析条目和单元。本书综合运用了解读式内容分析法和实验式内容分析法，以实验式内容分析法为主，解读式内容分析法为辅，使编码人员以专业的判断为基础全面分析文字资料，而后编码人员通过抽取研究样本进行预测，在预测结果的基础上总结整理分析条目和分析单元，经过沟通交流后最终确定每一个关键维度，编码人员可以关键维度对文字资料进行编码。

（3）获取量化的数据。编码工作人员对编码进行评判，并记录评判结果从而获取研究所需要的数据。

（4）信度分析。信度分析对于内容分析法来说是非常重要的，本书将在后文对编码的信度进行详细阐述。

第三节　变量测量

一、被解释变量的测量

对于被解释变量,即企业绩效的测量,本书借鉴 Kainuma 和 Tawara（2006）

对实施绿色供应链管理的企业绩效的测量方法，准备采用的是资产净利率（ROA），即 2011 年净利润与总资产平均余额之比，该指标具有很强的概括性，下述各个指标的变动都会对其产生影响。

二、中介变量的测量

从测量角度讲，要看一个企业的经营是否是有效率的，最基本的还要回归到评价其财务指标。本书将运营效率分为内部运营效率和外部运营效率，为了避免因不同行业企业投入／产出要素的不同而产生的结果差异，结合本书研究的二手数据测量方法，本书采取主营业务成本／主营业务收入的负数进行替代测量，从整体上考察一个企业的运营效率。该指标值越大，说明企业越能以较小的投入获得较大的产出，即企业的运营效率越高。

三、调节变量的测量

（1）供应商满足的测量：借鉴纪建悦（2010）的处理方法，本书采用应付账款周转率来衡量企业对供应商的满足程度。应付账款周转率越高说明企业能够及时支付给供应商相应的货款，尽量不占用其他资金，保障了供应商的正常运营和发展，只有这样，企业才能很好地满足供应商的利益诉求。

（2）客户满足的测量：本书采用存货周转率作为客户满足程度的衡量指标（Huang and Kung，2010），存货周转率越高意味着企业与客户的往来更频繁、关系更密切、合作更顺畅，相应客户满足程度也会越高。

（3）政府满足的测量：政府是营造企业良好发展环境的主题，本书采用资产纳税率衡量企业对政府的满足程度（陈玉清、马丽丽，2005；纪建悦，2009），即如果该比率越高，则表明企业能够很好地遵守国家相关税法，对政府做出的贡献程度越大，最终满足政府的利益诉求。

（4）股东满足的测量：股东是企业的主要投资者之一，直接关系到企业的生存和进一步发展，在企业中发挥着重要作用。股东们最关注的是能否从企业获得持续性的利益，据此作出投资决策。因此，企业对于股东的满足程度，本书采用每股收益进行代理测量（Ruf et al.，2001），该指标值越大，表示企业对股东的满足程度越高。

（5）债权人满足的测量：债权人是企业资金的另一主要来源，在企业的财务数据中，一般采用资产负债率来衡量企业的偿债能力。资产负债率越高，意味着企业的债务风险越大，会侵害债权人利益，所以债权人希望企业的资产负债率越低越好。参考温素彬和方苑（2008）以及纪建悦和刘艳青（2009）的研究，本书采用资产负债率的负值来衡量企业对债权人的满足程度。

四、控制变量的测量

根据前面学者对企业绿色采购战略与企业绩效的研究，本书选取的控制变量包括企业规模、企业所有制、企业年龄、企业行业属性以及企业的国际业务占比，其中企业规模采用 2011 年企业平均总资产的自然对数测量；企业所有制测量为哑变量，1 代表国有企业，0 代表非国有企业；企业年龄采用企业到 2011 年的成立时间测量；由于样本数据涉及八个行业，所以企业行业属性以房地产业为基准，设置七个行业哑变量进行测量；企业的国际业务占比采取国际业务收入与营业收入比值测量。

五、解释变量的测量

本书对解释变量，即绿色采购战略的测量运用文本分析法，编码的题项来自对已有的关于绿色采购分类研究的 17 篇文献以及对处于绿色采购实施前沿的深圳多个企业的案例分析得出，案例分析将在后面给出，保证了绿色采购战略衡量的严谨性。具体来说，主要是依据 Green（1996）和 Bowen（2001）的研究，他们将绿色供应分为基于产品、基于流程以及高级的绿色供应，本书在此基础上将其他学者提出的绿色采购维度以及现实中企业的绿色采购实施战略进行重新归纳分类，最终得到基于产品的绿色采购战略包含八个维度，基于流程的绿色采购战略包含十个维度，如表 4-4 所示。

表 4-4　企业绿色采购战略维度研究汇总

战略类型	绿色采购战略	文献来源
基于产品的绿色采购战略	供应商产品的绿色	Lamming and Hanson's（1996）、Burton Hamner（2006）、Zhu et al.（2008）、TK Eltayeb（2009）、Tarig Khidir ElTayeb（2010）
	供应商包装材料的绿色	Craig R. Carter（1998）、Craig R. Carter（2000）

续表

战略类型	绿色采购战略	文献来源
基于产品的绿色采购战略	多余材料、使用过材料（纸、塑料、泡沫等）的绿色处理	Zsidisin Hendrick（1998）、Ken Green（1996）
	废料（废水、废气等）绿色处理	Min and Galle（1997）、Zsidisin Hendrick（1998）
	企业自身产品全程管理	Lamming and Hanson's（1996）、Burton Hamner（2006）
	企业自身产品的绿色管理	Liu Bin and Zhao Rong（2008）、Ken Green（1996）
	双方协作实现原材料利用效率	Bowen et al.（2001）、Ken Green（1996）
	参与对方的产品生产流程	Zsidisin Hendrick（1998）、Ken Green（1996）
基于流程的绿色采购战略	供应商的绿色环保信息调查	Lamming and Hanson's（1996）、Bowen et al.（2001）、Stephan Vachon et al.（2006）、Burton Hamner（2006）、Tarig Khidir ElTayeb（2009）、Tarig Khidir ElTayeb（2010）
	供应商环境管理体系审核	Giuliano Noci（1997）、Zsidisin Hendrick（1998）、Bowen et al.（2001）、Stephan Vachon et al.（2006）、Burton Hamner（2006）、Zhu et al.（2007）、Zhu et al.（2008）、Tarig Khidir ElTayeb（2009）、Tarig Khidir ElTayeb（2010）
	供应商的绿色环保评价	Giuliano Noci（1997）、Craig R. Carter（1998）、Craig R. Carter（2000）、Bowen et al.（2001）、Stephan Vachon et al.（2006）、Burton Hamner（2006）、Zhu et al.（2007）、Tarig Khidir ElTayeb（2009）、Tarig Khidir ElTayeb（2010）
	建立供应商环境保护奖惩机制	Bowen et al.（2001）、Rao（2002）、Stephan Vachon et al.（2006）
	对供应商的供应商进行环保评估	Zhu et al.（2007）、Zhu et al.（2008）、Tarig Khidir ElTayeb（2009）、Tarig Khidir ElTayeb（2010）
	绿色环保理念的推广	Ken Green（1996）
	企业建立环境管理体系	Lamming and Hanson's（1996）、Ken Green（1996）
	与供应商共同制订环保计划与决策，进行环保合作	Bowen et al.（2001）、Stephan Vachon et al.（2006）、Zhu et al.（2007）、Zhu et al.（2008）
	对供应商进行绿色环保培训	Rao（2002）、Stephan Vachon et al.（2006）、Burton Hamner（2006）
	帮助供应商实施绿色环保行动	Zsidisin Hendrick（1998）、Rao（2002）

　　在确定了基于产品的绿色采购战略和基于流程的绿色采购战略的基本维度以后，结合前面学者们提出的绿色采购战略具体内容以及企业年报、社会责任报告中的表述方式，本书分别总结和整理了基于产品的绿色采购战略的八个维度和基于流程的绿色采购战略的十个维度的具体内容，这正是后面用内容分析法进行编码分析时的关键点，从大量的文字资料中筛选出企业的绿色采购战略内容进行编码。

　　参考 Anton 等（2004）的处理方法，运用 0 分和 1 分对绿色采购的各个维度的具体战略内容选择进行打分，如果该维度下企业做到任何一种战略，则该维度得分为 1，最终将各维度得分进行汇总，得到基于产品和基于流程的绿色采购战略的最终数值，即基于产品和基于流程的绿色采购战略最高得分分别为8 分和 10 分。以供应商产品的绿色维度为例，其包含的具体内容为：要求供应商产品有环境标志、供应商产品有认可的绿色含量、供应商产品不能含有不环保的原材料、供应商产品要公布环保和安全的有关信息、供应商进行产品安全管理五方面内容，只要样本企业做到了以上任何一点，则"供应商产品的绿色"这个维度得分为 1，以此类推将供应商包装材料的绿色等八个维度得分相加，得到基于产品的绿色采购总分。

本章小结

　　本章首先阐述了所用实证数据的来源，并简要从企业性质、行业分布、年龄特征等方面分析了样本数据的特征；其次，介绍了数据的收集方法和收集流程，即本书所用变量均是用二手数据进行测量，获取途径主要是企业年报、国泰安经济金融研究数据库、Wind 资讯金融、巨潮资讯网、新浪财经等；最后，给出了本书研究所有变量的测量方法，具体如表 4-5 所示。

表 4-5　变量测量汇总

变量类型		变量名称	变量代码	计算方法
被解释变量	经济绩效	资产收益率	ROA	净利润 / 总资产平均余额

变量类型		变量名称	变量代码	计算方法
解释变量	绿色采购战略	基于产品的绿色采购战略	GP_product	文本分析
解释变量	绿色采购战略	基于流程的绿色采购战略	GP_flow	文本分析
调节变量	供应商满足	应付账款周转率	T_supplier	（主营业务成本＋期末存货－期初存货／平均应付账款）
	客户满足	存货周转率	T_customer	销货成本／平均存货余额
	政府满足	资产纳税率	T_gov	全部税金／总资产
	股东满足	每股收益	T_stock	净利润／总股数
	债权人满足	资产负债率	T_creditor	负债总额／资产总额
中介变量	运营效率	营业成本率	M_operation	主营业务成本／主营业务收入的负数
控制变量	企业规模	企业总资产	C_ave11	平均总资产的自然对数
	企业性质	是否为国有企业	C_gov	实际控制人是否为国家
	企业年龄	企业成立时间	C_age	2011－成立年份＋1
	行业属性	行业类型	C_pfls 等	8 个行业，7 个哑变量
	是否有国际业务	国际业务占比	C_fore	国际业务收入／营业收入

第五章 数据分析和假设检验

第一节 描述性统计分析

描述性统计分析是其他统计分析的基础和前提，通过基本统计分析方法，对要分析数据的总体特征进行比较准确的把握，从而可以选择科学、合适的统计分析方法分析样本数据。

一、样本描述性统计

本书除了企业规模、企业年龄、企业性质、行业属性以及国际业务占比五个控制变量之外，共涉及九个主要的变量，分别为解释变量包括基于产品的绿色采购和基于流程的绿色采购，中介变量为企业运营效率，调节变量包括供应商满足、客户满足、股东满足、债权人满足以及政府满足，被解释变量为企业绩效，为了对这些变量的数据特征有比较准确的把握，故进行描述性统计分析，结果如表5-1所示。

表5-1 基本描述统计

变量名称	条目数	最小值	最大值	均值	标准差
基于产品的绿色采购	206	1.00	6.00	3.09	1.03
基于流程的绿色采购	206	0.00	7.00	2.00	0.97
运营效率	206	−0.97	−0.15	−0.70	0.18
供应商满足	206	0.69	185.32	10.11	15.89
客户满足	206	0.05	64.41	4.91	6.81
股东满足	206	−0.85	4.47	0.62	0.65
债权人满足	206	−0.944	−0.045	−0.504	0.201

变量名称	条目数	最小值	最大值	均值	标准差
政府满足	206	0.005	0.235	0.055	0.041
企业绩效	206	−0.082	0.477	0.068	0.064
企业性质	206	0	1	0.62	0.487
企业年龄	206	3	28	15.19	4.492

根据 206 家企业 2011 年的数据基本描述性统计发现，每一个变量均有206 个条目，没有数据缺失；基于产品的绿色采购均值明显高于基于流程的绿色采购，说明目前我国实施绿色采购的企业多数还是以原材料和产品的绿色为主；供应商满足和客户满足的标准差都比较大，说明企业对供应商和客户的利益诉求关注存在明显差异；企业性质的均值为 0.62，比较接近 1，说明 206 家企业样本以国有企业为主。

二、Pearson 相关分析

相关分析是一种常用的分析方法，用于研究不同变量之间的相关程度，描述变量之间相关程度和方向的统计量。进行相关分析的目的是初步研究变量之间的关系，变量之间的相关性是进行回归分析的前提，为了研究本书九个主要变量之间的关系，采用 Pearson 相关分析，计算各变量之间的相关系数，具体的相关系数如表 5-2 所示。

表 5-2   相关分析

	1	2	3	4	5	6	7	8	9
1.基于产品的绿色采购	1	—	—	—	—	—	—	—	—
2.基于流程的绿色采购	0.083	1	—	—	—	—	—	—	—
3.运营效率	0.283**	−0.009	1	—	—	—	—	—	—
4.供应商满足	0.033	−0.002	−0.218**	1	—	—	—	—	—
5.客户满足	0.008	0.191**	−0.261**	0.329**	1	—	—	—	—
6.股东满足	0.442**	0.286**	0.350**	0.010	0.036	1	—	—	—
7.债权人满足	0.010	−0.100	0.285**	0.213**	0.121	0.143*	1	—	—

	1	2	3	4	5	6	7	8	9
8. 政府满足	0.355**	0.224**	0.466**	0.057	0.092	0.505**	0.210**	1	—
9. 企业绩效	0.502**	0.246**	0.483**	0.095	0.139*	0.769**	0.413**	0.602**	1

注：* $P<0.05$，** $P<0.01$（双尾）。

相关分析表显示了各个变量间的简单相关关系，基于产品和基于流程的绿色采购、运营效率与企业绩效之间的相关系数比较显著，且具有正向的相关关系，表明这些变量之间存在显著的内在关系。

第二节 信度检验

由于本书运用内容分析法获取自变量基于产品的绿色采购战略和基于流程的绿色采购战略，工作量非常大，本书研究共找四位编码人员参与编码工作。四位编码人员都是中国人民大学经济管理硕士研究生，具备相应的知识基础，同时笔者还花一个星期时间对他们进行本书的设计思路和设计工作的相关培训。笔者将编码人员分成两组，分别对 50 家企业 2011 年的企业年报、企业社会责任报告以及企业可持续发展报告等资料进行要素归纳和编码。然后对两组人员关于解释变量的编码进行一致性检验。其分析结果如表 5-3 所示：

表 5-3　再测信度分析

变量	基于产品的绿色采购	基于流程的绿色采购
Pearson Correlation	0.911**	0.932**
显著性	0.00	0.00

注：* $P<0.05$，** $P<0.01$（双尾）。

通过上述分析结果可以看出，两组编码人员关于基于产品的绿色采购战略和基于流程的绿色采购战略的编码相互信度为 0.9~1.00，这说明编码源之间的相互信度较高，研究可以正式编码。

第三节　假设检验

本书采用多元回归分析的逐步回归预测模型，利用SPSS18.0软件进行数据分析，对于假设检验的具体结果如下所述。

一、主效应检验

在回归分析中，首先本书将控制变量和因变量放入回归方程计算，包括企业规模（C_ave11）、企业年龄（C_age）、企业国际业务占比（C_fore）、企业性质（C_gov）、企业行业属性以及企业绩效（ROA），如表5-4中的模型M1所示；其次逐步放入自变量企业绿色采购战略：基于产品的绿色采购战略（GP_product）和基于流程的绿色采购战略（GP_flow），层级回归的结果如表5-4中的模型M2和M3所示。其中企业的行业属性为类别变量，需要对其进行哑变量处理，按照哑变量的方法如果样本有m类，则需要m-1个哑变量，本书研究的样本分布在八个行业，所以企业的行业属性用C_pfls、C_xxjs等七个哑变量进行分类。

检验假设H1a和H1b，即基于产品的绿色采购战略对企业绩效具有正向的影响以及基于流程的绿色采购战略对企业绩效具有正向的影响。表5-4显示，企业实施基于产品的绿色采购战略（GP_product）显著地影响企业的绩效ROA（$\beta = 0.460$，$p < 0.01$），所以支持假设H1a。相似地，企业实施基于流程的绿色采购战略显著地影响企业的绩效ROA（$\beta = 0.223$，$p < 0.01$），所以支持假设H1b。值得注意的是，由模型M3可以看出，基于产品的绿色采购战略影响系数明显大于基于流程的绿色采购战略的影响系数，在一定程度上说明了两种绿色采购战略对于企业绩效提升具有差异性。

表5-4　绿色采购战略与企业绩效的回归模型结果

变量	企业绩效（ROA）		
	M1	M2	M3
企业规模	0.008	−0.074	−0.132*

续表

变量	企业绩效（ROA）		
	M1	M2	M3
企业年龄	−0.017	−0.025	0.001
企业国际业务	0.023	0.000	−0.019
企业性质	−0.054	0.006	0.026
批发零售业	0.170**	0.119*	0.056
信息技术业	0.124	0.125*	0.065
食品饮料制造业	0.318***	0.257***	0.192***
医药生物业	0.389***	0.264***	0.232***
电子业	0.105	0.067	0.037
纺织业	0.099	0.071	0.027
金属非金属业	0.102	0.057	−0.001
基于产品的绿色采购	—	0.471***	0.460***
基于流程的绿色采购	—	—	0.223***
R^2	0.153	0.359	0.400
ΔR^2	0.153	0.207	0.041
F 值	3.174***	9.015***	9.858***
DW 值	—	—	2.016

注：*$P<0.1$，**$P<0.05$，***$P<0.01$（双尾）。

二、中介效应检验

本书认为企业运营效率在企业绿色采购战略与企业绩效之间起中介作用，检验中介效应最为常用的就是 Baron 和 Kenny（1986）提出的依次回归检验程序，具体为：其一，主效应必须显著，即自变量（IV）对因变量（DV）的影响系数是显著的，否则没必要进行下一步的验证；其二，自变量对中介变量（M）影响显著，即自变量的变化能显著地解释中介变量的变化；其三，控制自变量对中介变量和自变量对因变量两条影响路径，如果自变量对因变量的影响作用消失或变小，则 M 在 IV 与 DV 的关系之间起到了中介效应（温忠麟等，2004）。

检验假设 H2a 和 H2b，即企业运营效率分别在基于产品的绿色采购和基于流程的绿色采购与企业绩效之间的中介作用。首先，由主效应分析的模型 M3 得知，自变量（基于产品的绿色采购和基于流程的绿色采购）对因变量（企业绩效）的影响作用在 1% 的统计水平上显著，系数分别是 0.460 和 0.223；其次，验证自变量（基于产品的绿色采购和基于流程的绿色采购）对中介变量（运营效率）的影响，通过回归模型 M4 发现，基于产品的绿色采购战略的影响作用在 1% 统计水平上显著，系数为 0.266，而基于流程的绿色采购战略的影响作用在 5% 统计水平上显著，系数为 0.117；最后，在模型 M3 的基础上加入中介变量（运营效率），发现基于产品的绿色采购的回归系数由 0.460 显著下降到 0.348，基于流程的绿色采购的回归系数由 0.223 显著下降到 0.174，而运营效率对企业绩效的正向作用在 1% 统计水平上显著，系数为 0.419。综上表明：企业运营效率在基于产品的和基于流程的绿色采购与企业绩效之间均存在部分中介作用，假设 H2a 和假设 H2b 均得到验证（见表 5-5）。

表 5-5　运营效率的中介效应分析

变量	企业绩效（ROA）	运营效率（M_operation）	企业绩效（ROA）
	M3	M4	M5
企业规模	-0.132^{*}	-0.142^{**}	-0.073
企业年龄	0.001	-0.063	0.028
企业国际业务	-0.019	-0.085	0.016
企业性质	0.026	-0.021	0.035
批发零售业	0.056	-0.328^{***}	0.194^{**}
信息技术业	0.065	-0.204^{***}	0.150^{*}
食品饮料制造业	0.192^{***}	-0.090	0.230^{***}
医药生物业	0.232^{***}	-0.011	0.237^{***}
电子业	0.037	-0.275^{***}	0.152^{**}
纺织业	0.027	-0.253^{***}	0.133^{**}
金属非金属业	-0.001	-0.610^{***}	0.255^{***}
基于产品的绿色采购	0.460^{***}	0.266^{***}	0.348^{***}
基于流程的绿色采购	0.223^{***}	0.117^{**}	0.174^{***}
运营效率	—	—	0.419^{***}
R^2	0.400	0.450	0.497

变量	企业绩效（ROA）	运营效率 （M_operation）	企业绩效（ROA）
	M3	M4	M5
ΔR^2	0.247	0.450	0.097
F 值	9.858***	12.10***	13.459***
DW 值	2.016	—	2.018

注：*P<0.1，**P<0.05，***P<0.01（双尾）。

此外，为了验证中介效应的显著性，可将相应的统计量带入显著性计算公式，

$$Z = \frac{B_i C_i}{\sqrt{S_{B_i}^2 S_{C_i}^2 + B_i^2 S_{C_i}^2 + C_i^2 S_{B_i}^2}},$$

其中 B_i 指自变量到中介变量的路径系数，C_i 指中介变量到结果变量的路径系数，S_{B_i} 和 S_{C_i} 则分别为 B_i 和 C_i 的标准误。检验结果表明，$Z_{product} = 4.468$，P<0.001，$Z_{flow} = 6.716$，P<0.001，说明运营效率对基于产品的绿色采购战略和基于流程的绿色采购战略与企业绩效之间的关系均具有显著的中介作用。

三、调节效应检验

所谓调节变量是指一个变量能够影响某个自变量与因变量之间关系的方向或者强度，如果发生方向或强度的改变就说明存在调节效应。参考刘军（2008）的建议，调节变量不论是类别变量还是连续变量，都可以使用多元逐步回归的方法检验是否具有调节效应，特别是当自变量和因变量都是连续数据测量时，应尽量使用回归的方法而不是采用分组分析法。因为，这种方法可以保留变量连续的性质，避免统计信息和结果的损失。

调节效应的检验一般通过逐步回归来完成，一般分为三个步骤：首先，把自变量放入回归方程中，看它的决定系数 R^2 的大小，即自变量对因变量的解释程度大小；其次，再把调节变量放入回归方程中，通过看 ΔR^2 的大小判断调节变量对因变量的独特贡献力；最后，将自变量与调节变量的交互项放入回归方程中，通过看交互项是否显著来判断是否存在调节效应。

需要注意的是，由于自变量和调节变量一般会与他们相乘得到的乘积项，即交互项存在较高的相关性，所以需要中心化以后减小回归方程中变量间多重

共线性的问题。所以，在检验调节效应前将所有变量进行中心化，然后检验消费者的 CSR-CA 信念的调节作用，中心化后的变量在原来变量的代码前加"Z"。检验结果分别如表 5-6 和表 5-7 所示。检验结果显示自变量之间不存在自相关和严重的多重共线性问题。

1. 交易契约类利益相关者满足的调节效应

对于交易契约类利益相关者满足对基于产品的绿色采购战略和基于流程的绿色采购战略与企业运营效率关系的影响，分别检验假设 H3a 和 H3b、H4a 和 H4b，如表 5-6 所示。

表 5-6　交易契约类利益相关者满足的调节效应分析

变量	企业运营效率（ZM_operation）				
	M4	M6	M7	M8	M9
企业规模	-0.142**	-0.168**	-0.152**	-0.154**	-0.153**
企业年龄	-0.063	-0.073	-0.041	-0.042	-0.039
企业国际业务	-0.085	-0.094	-0.095	-0.090	-0.127**
企业性质	-0.021	-0.045	-0.063	-0.051	-0.044
批发零售业	-0.328***	-0.311***	-0.313***	-0.254***	-0.216***
信息技术业	-0.204***	-0.204***	-0.209***	-0.171***	-0.148**
食品饮料制造业	-0.090	-0.066	-0.033	-0.060	-0.029
医药生物业	-0.011	0.005	-0.005	0.013	0.039
电子业	-0.275***	-0.273***	-0.263***	-0.234***	-0.226***
纺织业	-0.253***	-0.244***	-0.245***	-0.244***	-0.226***
金属非金属业	-0.610***	-0.548***	-0.541***	-0.548***	-0.510***
基于产品的绿色采购	0.266***	0.269***	0.293***	0.262***	0.297***
基于流程的绿色采购	0.117**	0.111*	0.077	0.135**	0.162***
供应商满足	—	-0.184***	-0.194***	—	—
基于产品的绿色采购 × 供应商满足	—	—	0.115**	—	—

续表

变量	企业运营效率（ZM_operation）				
	M4	M6	M7	M8	M9
基于流程的绿色采购 × 供应商满足	—	—	−0.128**	—	—
客户满足	—	—	—	−0.158**	−0.226***
基于产品的绿色采购 × 客户满足	—	—	—	—	0.183***
基于流程的绿色采购 × 客户满足	—	—	—	—	0.052
R^2	0.450	0.480	0.510	0.469	0.492
ΔR^2	0.450	0.030	0.030	0.019	0.023
F 值	12.10***	12.59***	12.30***	12.026***	11.456***
DW 值	—	2.024		1.966	

注：*P<0.1，**P<0.05，***P<0.01（双尾）。

假设 H3a 和 H3b：在模型 M4 的基础上加入调节变量供应商满足后（模型 M6），回归方程的决定系数显著增加了，ΔR^2 为 0.030，这说明了调节变量供应商满足的加入增加了对因变量（企业运营效率）的变异解释程度。当再放入交互项时（模型 M7），结果发现：供应商满足与基于产品的绿色采购乘积项（ZGP_product × ZT_supplier）的回归系数是 0.115，并且在 5% 的统计水平上显著，这表明在供应商满足程度越高时，基于产品的绿色采购战略提升企业运营效率的效应越明显，假设 H3a 得到验证；供应商满足与基于流程的绿色采购乘积项（ZGP_flow × ZT_supplier）的回归系数是 −0.128，并且在 5% 的统计水平上显著，这表明在供应商满足程度越高时，基于流程的绿色采购战略提升企业运营效率的效应越不明显，假设 H3b 得到了反向的验证。

假设 H4a 和 H4b：在模型 M4 的基础上加入调节变量客户满足后（模型 M8），回归方程的决定系数显著增加了，ΔR^2 为 0.019，这说明了调节变量客户满足的加入增加了对因变量（企业运营效率）的变异解释程度。当再放入交互项时（模型 M9），结果发现：客户满足与基于产品的绿色采购乘积项（ZGP_product × ZT_customer）的回归系数是 0.183，并且在 1% 的统计水平上显著，这表明客户满足程度越高时，基于产品的绿色采购战略提升企业运营效率的效应越明显，假设 H4a 得到验证；客户满足与基于流程的绿色采购乘积项（ZGP_flow × ZT_customer）的回归系数是 0.052，但不显著，假设 H4b 未得到验证。

2. 决策影响类利益相关者满足的调节效应

对于决策影响类利益相关者满足对基于产品的绿色采购战略和基于流程的绿色采购战略与企业绩效关系的影响，分别检验假设 H5a 和 H5b、H6a 和 H6b、H7a 和 H7b，如表 5-7 所示。

表 5-7　决策影响类利益相关者满足的调节效应分析

变量	企业绩效（ZROA）						
	M3	M10	M11	M12	M13	M14	M15
企业规模	−0.132*	−0.227***	−0.243***	0.057	0.034	−0.067	−0.085
企业年龄	0.001	0.027	0.027	0.050	0.027	−0.008	0.000
企业国际业务	−0.019	0.031	0.018	−0.012	−0.033	0.119**	0.121**
企业性质	0.026	−0.003	−0.009	0.039	0.018	−0.022	−0.027
批发零售业	0.056	0.045	0.039	0.007	−0.013	0.030	0.044
信息技术业	0.065	0.057	0.045	−0.022	0.017	0.072	0.057
食品饮料制造业	0.192***	0.046	0.043	0.050	0.032	−0.051	−0.044
医药生物业	0.232***	0.129**	0.101*	0.002	−0.004	0.143**	0.179***
电子业	0.037	0.033	0.020	−0.085	−0.048	0.070	0.045
纺织业	0.027	0.012	0.011	−0.064	−0.082	0.000	0.007
金属非金属业	−0.001	0.014	−0.017	−0.098	−0.101	0.024	0.024
基于产品的绿色采购	0.460***	0.193***	0.206***	0.469***	0.527***	0.294***	0.351***
基于流程的绿色采购	0.223***	0.066	0.079*	0.262***	0.328***	0.112**	0.150***
股东满足	—	0.681***	0.657***				
基于产品的绿色采购 × 股东满足	—	—	0.147***				
基于流程的绿色采购 × 股东满足	—	—	−0.116**				
债权人满足	—	—		0.481***	0.492***	—	—

续表

变量	企业绩效（ZROA）						
	M3	M10	M11	M12	M13	M14	M15
基于产品的绿色采购 × 债权人满足	—	—	—	—	0.193***	—	—
基于流程的绿色采购 × 债权人满足	—	—	—	—	0.252***	—	—
政府满足	—	—	—	—	—	0.523***	0.363***
基于产品的绿色采购 × 政府满足	—	—	—	—	—	—	0.282***
基于流程的绿色采购 × 政府满足	—	—	—	—	—	—	0.066
R^2	0.400	0.710	0.729	0.512	0.606	0.525	0.598
ΔR^2	0.400	0.310	0.019	0.112	0.094	0.125	0.073
F 值	9.858	33.323	31.765	14.311	18.145	15.059	17.599
DW 值	—	2.060	2.236		2.097		

注：*$P<0.1$，**$P<0.05$，***$P<0.01$（双尾）。

假设 H5a 和 H5b：在模型 M3 的基础上加入调节变量政府满足后（模型 M14），回归方程的决定系数显著增加了，ΔR^2 为 0.125，这说明了调节变量政府满足的加入增加了对因变量（企业绩效）的变异解释程度。当再放入交互项时（模型 M15），结果发现：政府满足与基于产品的绿色采购乘积项（ZGP_product × ZT_gov）的回归系数是 0.282，并且在 1% 的统计水平上显著，这表明在政府满足程度越高时，基于产品的绿色采购战略提升企业绩效的效应越明显，假设 H5a 得到验证；政府满足与基于流程的绿色采购乘积项（ZGP_flow × ZT_gov）的回归系数是 0.066，但不显著，假设 H5b 未得到验证。

假设 H6a 和 H6b：在模型 M3 的基础上加入调节变量股东满足后（模型 M10），回归方程的决定系数显著增加了，ΔR^2 为 0.310，这说明了调节变量股东满足的加入增加了对因变量（企业绩效）的变异解释程度。当再放入交互项时（模型 M11），结果发现：股东满足与基于产品的绿色采购乘积项（ZGP_product × ZT_stock）的回归系数是 0.147，并且在 1% 的统计水平上显著，这表明在股东满足程度越高时，基于产品的绿色采购战略提升企业绩效的效应越明显，假设 H6a 得到验证；股东满足与基于流程的绿色采购乘积项（ZGP_ flow×ZT_stock）的回归系数是 −0.116，并且在 5% 的统计水平上显著，这表明在股东满足程度越高时，基于流程的绿色采购战略提升企业绩效的效应越不明显，假设 H6b 得到了反向的验证。

假设 H7a 和 H7b：在模型 M3 的基础上加入调节变量债权人满足后（模型 M12），回归方程的决定系数显著增加了，ΔR^2 为 0.112，这说明了调节变量债权人满足的加入增加了对因变量（企业绩效）的变异解释程度。当再放入交互项时（模型 M13），结果发现：债权人满足与基于产品的绿色采购乘积项（ZGP_product×ZT_creditor）的回归系数是 0.193，并且在 1% 的统计水平上显著，这表明在债权人满足程度越高时，基于产品的绿色采购战略提升企业绩效的效应越明显，假设 H7a 得到验证；债权人满足与基于流程的绿色采购乘积项（ZGP_flow×ZT_creditor）的回归系数是 0.252，并且在 1% 的统计水平上显著，这表明在债权人满足程度越高时，基于流程的绿色采购战略提升企业绩效的效应越明显，假设 H7b 得到验证。

本章小结

基于第三章的研究框架的构建和基本假设的提出以及第四章研究维度设计和变量测量，本章对第三章提出的基本假设进行比较规范的实证检验。首先，本章对样本数据做了描述性统计分析，这是假设关系验证和结果讨论的基础；其次，本书采用多层回归分析法进一步检验假设关系，包括主效应分析、中介效应分析和调节效应分析，假设检验结果总结如表 5-8 所示。

表 5-8　假设检验结果汇总

假设内容	检验结果
H1a：基于产品的绿色采购战略对企业绩效具有正向的影响	支持
H1b：基于流程的绿色采购战略对企业绩效具有正向的影响	支持
H2a：基于产品的绿色采购战略通过企业运营效率对企业绩效产生正向影响	支持
H2b：基于流程的绿色采购战略通过企业运营效率对企业绩效产生正向影响	支持
H3a：供应商满足正向调节基于产品的绿色采购战略与企业运营效率的关系	支持

假设内容	检验结果
H3b：供应商满足正向调节基于流程的绿色采购战略与企业运营效率的关系	不支持（反向）
H4a：客户满足正向调节基于产品的绿色采购战略与企业运营效率的关系	支持
H4b：客户满足正向调节基于流程的绿色采购战略与企业运营效率的关系	不支持
H5a：政府满足正向调节基于产品的绿色采购战略与企业绩效的关系	支持
H5b：政府满足正向调节基于流程的绿色采购战略与企业绩效的关系	不支持
H6a：股东满足正向调节基于产品的绿色采购战略与企业绩效的关系	支持
H6b：股东满足正向调节基于流程的绿色采购战略与企业绩效的关系	不支持（反向）
H7a：债权人满足正向调节基于产品的绿色采购战略与企业绩效的关系	支持
H7b：债权人满足正向调节基于流程的绿色采购战略与企业绩效的关系	支持

第六章 讨论与案例研究

上一章实证分析的研究结果表明基于产品的绿色采购战略和基于流程的绿色采购战略对企业绩效具有显著的直接或者间接正向影响关系，并且对于利益相关者满足程度不同的企业，绿色采购战略对企业绩效的作用机制不同。本章就假设检验的结果、所说明的问题和意义进行深入讨论和分析。

第一节 绿色采购与企业绩效研究结果讨论

绿色采购战略的理念是提倡资源节约、环境和谐、产品全生命周期价值最大化，通过企业自身的绿色行为引导供应商的清洁生产，再沿供应链向上游传播绿色理念和要求，打造绿色产业链，最终达到企业的经济效益、环境效益和社会效益的全面提升。本书在已有学者提到的绿色采购战略维度的基础上，进行详细的分析和归纳，提出了基于产品的绿色采购战略和基于流程的绿色采购战略，并分别验证了两者对企业绩效均有正向的影响作用，说明绿色采购战略能够提高企业的绩效，这与 Carter（2000）、Liu Bin 和 Zhao Rong（2008）、刘彬和朱庆华（2009）的研究结论一致。

首先，从独自贡献力，即 ΔR^2 来看，基于产品的绿色采购战略 ΔR^2 为 0.207，大于基于流程的绿色采购战略的 0.041，说明目前在我国，基于产品的绿色采购战略对企业绩效的提升作用更为显著。我国消费者绿色意识正逐渐增强，意味着供应链的末端产生了绿色需求，刺激更多的企业生产绿色产品，进而采取基于产品的绿色采购战略。目前在市场上销售的绿色产品，比如有机蔬菜、绿色猪肉、绿色装修材料等，虽然由于绿色原材料等导致成本较高，但其市场价格较同类的普通产品要高。

企业实施基于流程的绿色采购战略对于企业绩效的提升作用较小，原因有两点：第一，自身实施过程非常复杂，对于企业自身而言，需要企业内部各部门间的加强沟通与协作（杨红娟，2008；马丽丽等，2008），共同做出原材料的采购决策，需要打破原有的内部管理模式和组织结构（Murray，2000），从而提升企业内部的跨部门协作能力。对于供应商选择而言，基于流程的绿色采购战略需要企业调查、审核和监督供应商的绿色信息，进而与供应商建立长久的战略合作伙伴关系（Zhu and Cote，2004），对供应商进行环保相关培训以及帮助供应商实施绿色环保行动。第二，基于流程的绿色采购战略带给企业的收益具有长期性和不稳定性特点。长期性是指实施前期需要大量的成本投入，包括供应商监督、审核和培训成本、环境管理体系的认证成本等，而收益体现相对基于产品的绿色采购而言较晚。不稳定性是指由于机会主义的存在，基于流程的绿色采购战略一方面会受到企业内部一些保守派员工的抵制而进展缓慢，另一方面会受到部分供应商的"绿色宣传"影响，增加交易成本的同时，不能带来相应的收益。

其次，从描述性统计结果来看，基于产品的绿色采购战略均值为3.09，明显高于基于流程的绿色采购战略均值2.0，说明在我国实施绿色采购战略的企业中，更多的企业选择了基于产品的绿色采购战略，比如采购环保产品、更新环保设备等。究其原因，主要有两点：第一，如前文所述，基于流程的绿色采购战略实施过程相对基于产品的绿色采购战略复杂很多，需要企业内部良好的执行性以及与供应商稳定的关系为前提，需要企业部门之间以及企业与供应商之间能够彼此信任，从而才能降低交易成本，防范机会主义可能带来的风险，即如果出现任何"木桶理论"中的短板问题，则会影响整个战略的顺利实施。第二，从商业风险角度考虑，不论是采购商还是供应商，都会担心自身的核心技术和流程等泄露，影响企业的生存和发展，所以会产生采购商的"不实施"和供应商的"不配合"现象，最终使基于流程的绿色采购战略流产。

综上，企业实施基于产品的绿色采购战略和基于流程的绿色采购战略均能提升企业绩效，而且前者的提升作用更为明显，被企业采纳的比例更高。

第二节　企业运营效率的中介作用研究结果讨论

　　面对经济的全球化发展，企业之间的竞争不再是简单的产品竞争，而是企业（供应链）运营效率的竞争。面对着由于激烈竞争导致利润率不断下降的现状，企业必须通过提高其各个环节的运营效率来增加企业自身的核心竞争力。从本质上讲，企业运营效率是衡量企业竞争力、投入产出能力和可持续发展能力的核心指标，反映了企业有效配置资源的能力及其功能作用的发挥程度，企业追求利润最大化的目标要求其必须寻求生产经营的最佳状态，即追求投入 / 产出最优化。Lippman（2001）的研究通过访谈多位业务经理发现，实施绿色供应链管理后，他们企业的运营效率均有所提高，如缩短产品周期、减少成本以及提高质量等。本书通过实证研究发现，基于产品的绿色采购战略和基于流程的绿色采购战略均对企业运营效率有显著的正向影响作用，影响系数分别为 0.266 和 0.117，并且企业运营效率在基于产品的绿色采购战略和基于流程的绿色采购战略与企业绩效之间均存在部分中介作用，说明企业实施绿色采购战略除了能够直接影响企业绩效外，还能够通过提高企业运营效率来促进绩效提升。

　　基于产品的绿色采购战略提高企业运营效率主要表现在以下几点：第一，通过淘汰不合格供应商，减少了供应商数量，扩大对绿色供应商的采购数量，有利于减少信息通道的层数，提高与核心供应商的合作效率，并且能够降低供应商的管理成本。第二，实施绿色采购战略能够提升企业的声誉和知名度，最终提高企业市场占有率。比如吉百利集团使用替代能源来减少对环境的负面影响，强调了其削减碳排放这一愿景，而设立"由紫变绿"项目使其在公众间被广为传颂，在减少环境污染的同时提高了企业收入。还有诚毅软件的绿色运营品牌战略的升级，他们提出的"资源消耗更少、运营效率更高"的绿色运营主题备受客户和消费者关注。第三，基于产品的绿色采购战略强调资源的回收与再利用，比如沃尔玛曾经对进入 4100 多家美国门店的一切原材料和产品进行削减、回收或再利用以提高资源使用率，推行可回收以及生物可降解包装材料，只使用 LED 灯以提高所有门店内供热和空调设备的效率等，沃尔玛的这一系列措施是其做到"天天低价"的有力保证。再举一个例子，2007 年，玛莎百货通过宣布扩大地区性食品采购量，减少空运食品采购，并将所有空运食品贴上"空运"标签，从而使消费者了解其所购产品的碳影响，很好地提升了企业声誉。

基于流程的绿色采购战略提高企业运营效率主要表现在以下几点：首先，增加企业内部一致性。基于流程的绿色采购战略要求企业整合内部资源，促进采购部门与生产、计划、仓储、财务等部门无缝合作，以流程为导向进行部门合理分工，保持内部高度一致性，实现快速响应和运营的柔性化，从战略上讲，采购部门的战略制定要和企业总体战略保持一致。其次，实施基于流程的绿色采购战略不仅要保持企业内部的同步性，还要与外部资源（主要指供应商）具有高度的合作性。通过与供应商建立长期的战略合作关系，共同承担市场风险，共享特定的资源，包括信息、技术、生产计划、库存、市场情况等资源的共享，其中信息共享是基础和关键，能够保证数据的同步性，降低双方的交易成本。比如中船集团公司在开发绿色船舶时，提出了船舶"绿色"性能与经济性能兼顾的指导原则，在新能源使用以及新技术开发时，改变了传统以重油为燃料的船舶动力推进方式，而多采用太阳能、风能等新能源，而在这些过程中充分考虑船舶建造成本的控制，加强与供应商的深入合作提高运营效率。

综上，大多数企业认为虽然可以通过绿色采购改善企业的环境表现，但在短期却要支付更高的采购成本。事实上，从长期角度来看，绿色采购能够达到内外部资源的协调运作，即通过加强企业内部合作来提高原材料的利用率，促进与供应商的外部合作来提高供应效率和质量，进而改善企业运营表现，并提升企业的竞争力。

第三节　利益相关者满足的调节作用研究结果讨论

一、交易契约类利益相关者满足的调节作用

如前文所述，交易契约类利益相关者包括供应商和客户，Vachon 等（2007）研究发现，企业通过供应链整合，即供应商和客户的整合可以促进企业提升绿

色供应链的运营绩效，进而提高企业经济绩效。他们提出支持企业环境战略的措施有：监管原材料的逆向物流、与客户和供应商共享环境管理的知识和技术、参与供应商的运营控制环境风险、确保采用合适的原材料等，最终企业与供应商和客户的环保合作能够影响企业环境战略决策的制定。所以，绿色采购战略作为企业的环境战略之一，也需要供应商和客户的配合与协作，而这又取决于企业对他们利益诉求的关注度和满足度。本书针对供应商满足、客户满足对企业绿色采购战略与运营效率的关系的影响机制做了实证研究，下面就研究结果进行分别的阐述和讨论。

1. 供应商满足的调节作用

供应商满足对基于产品的绿色采购战略和企业运营效率之间的正向调节作用得到了验证，供应商满足与基于产品的绿色采购战略乘积项的回归系数是0.115，并且在5%的统计水平上显著。企业重视上游供应商的利益诉求，有利于维持良好的供应商关系，保证合作剩余的实现，能够得到供应商积极配合，获得更好的绿色产品和设备，进而提高企业的运营效率。供应商是整条供应链的源头企业，供应商提供的原材料的环境性能直接影响到企业产品的绿色环保性能，因此，供应商的行为对绿色供应链运营具有重要意义（Walton et al.，1998；Handfield et al.，2002）。由于当前国内绿色市场刚开始发展，对绿色原料和绿色产品、环境成本核算、绿色采购绩效评价等还没有一个绝对权威的衡量标准（张松波、宋华，2012），可以说，绿色市场还比较混乱。在这种现实情况中，如果企业不能很好地满足供应商的利益诉求，就会促使供应商产生机会主义行为，用非绿色原材料冒充绿色原材料来牟取高额利润。最终企业会因为使用了不合格材料导致正常的生产受阻，会降低企业的运营效率。朱新球和黎春梅（2010）通过建立绿色供应链中生产商和上游供应商的博弈模型发现，当供应商选择不与企业合作时的供应链收益是合作时收益的四分之三，指出企业在实施绿色供应链时要注意保护供应商的利益，双方商讨一个合理的利益分配机制。企业只有尽力满足供应商的利益诉求，使供应商感觉"说谎"的成本明显高于"说实话"的成本（陈杰等，2004），就可以把所有的潜在交易转化成现实交易，促进企业绿色采购的实施。

值得注意的是，供应商满足在基于流程的绿色采购战略和企业运营效率之间起到了负向调节作用，供应商满足与基于流程的绿色采购战略的乘积项回归系数是−0.128，并且在5%的统计水平上显著，说明企业越是满足供应商的利益诉求，供应商越会抑制企业基于流程的绿色采购战略提升企业运营效率。首先，从企业角度讲，对于新进入的供应商，企业更注重控制供应商的流程，而随着供需关系的日益紧密，企业对供应商产生了信任，而由于企业本身机会主义的出现，为了减少监督供应商流程的成本转而更多地注重供应商的产品层面。企业对供应商监控力度的下降，导致供应商很有可能不履行先前的合约承诺（王晓立，2005），降低产品和服务质量，最终影响企业运营效率。其次，从供应商角度讲，企业越满足其利益诉求，供应商的机会主义风险也越大，出于成本增加和业务流程更改的考虑，他们越不愿配合企业实施基于流程的绿色采购战略，而是处处敷衍，只做表面功夫，比如当企业对其进行绿色评价或是现场考核时，他们往往会虚报信息、制造假象。已有研究表明，供应商的投机性行为会危害供需企业的信息共享，进而影响生产商的运营绩效（叶飞等，2012）。

综上，由于机会主义的存在，供应商的不配合和企业的监督力度下降，共同导致了供应商满足负向调节作用结果的出现。

2. 客户满足的调节作用

客户满足对基于产品的绿色采购战略和企业运营效率之间的正向调节作用得到了验证，客户满足与基于产品的绿色采购战略乘积项的回归系数为 0.183，并且在 1% 的统计水平上显著。说明企业越是满足客户的利益诉求，客户越会促进企业基于产品的绿色采购战略提升企业运营效率。首先，从增加企业受益角度讲，绿色产品一般要比普通产品成本高，因而价格自然偏高，只有获取客户认可，才能保证企业收入增加。已有的大量消费者支付意愿研究表明，消费者愿意为环境友好产品支付更多的溢价（Shrum et al.，1995；Ottman，1998；Rowlands et al.，2003）。所以，企业必须重视下游客户的利益诉求，维持良好的客户关系，才能保证生产的绿色采购产品的市场占有率。其次，从客户角度讲，有研究表明，客户的绿色选择偏好有助于推动企业的环保行为（Albino et al.，2009），也有研究者认为，确实存在强有力的客户，他们可以对企业行为施加影响（Paulraj，2009）。企业的客户通过参与其产品的设计，传递自己的绿色需求，能够帮助企业高效地实施基于产品的绿色采购战略。最后，客户是企业生存和发展的基础，市场竞争的实质就是争夺行业内的客户，建立客户对企业和产品品牌的忠诚度，因为客户价值的创造和获取存在一种互动关系，创造客户感知价值是获取客户贡献价值的基础（张建利，2009）。

与预期不同的是，客户满足对基于流程的绿色采购战略和企业运营效率之间的调节作用未得到验证，虽然客户满足与基于流程的绿色采购战略乘积项的回归系数为 0.052，但不显著。究其原因，首先是企业实施基于流程的绿色采购战略，客户的参与度很低，客户无法感知企业基于流程的绿色采购战略的实施效果，客户看到的多是企业产品层面的绿色，而对于企业基于流程的绿色采购战略知之甚少，所以起不到调节作用。其次，即使企业与客户进行环保合作，实施客户导向的绿色策略，将客户纳入企业的绿色战略，比如绿色新技术的采用等，客户真正发挥的作用会因其各种顾虑的存在而变得很有限，Vachon（2007）运用加拿大和美国包装印刷行业的数据对企业的绿色供应链与环境战略选择进行研究时发现，企业与客户的环境协作对企业污染防控技术的顺利实施以及企业对环境管理系统的投资影响不显著。

二、决策影响类利益相关者满足的调节作用

决策影响类利益相关者主要包括政府、股东和债权人，他们能够影响企业绿色采购战略的顺利进行以及最终实施的效果。本书分别针对政府满足、股东满足和债权人满足对企业绿色采购战略与企业绩效的关系的影响机制做了实证研究，下面就研究结果进行分别的阐述和讨论。

1. 政府满足的调节作用

政府满足对基于产品的绿色采购战略和企业绩效之间的正向调节作用得到了验证，政府满足与基于产品的绿色采购战略乘积项的回归系数为 0.282，并且在 1% 的统计水平上显著。说明企业越是满足政府的利益诉求，政府越会促进企业基于产品的绿色采购战略提升企业绩效。首先，从整体上看，基于产品的绿色采购战略的成功实施需要一个健全的市场和法律环境，而我国对于企业"绿色"的立法多为末端控制导向型，对已有的采购立法主要集中于政府绿色采购层面（张松波、宋华，2012），而且起步较晚。所以，政府能够通过宏观调控手段，制定相关规则和制度，比如通过价格管制等保证企业的绿色产品的市场占有率、通过严惩环保违规者确保绿色企业的竞争优势、通过政策倾斜让绿色企业更容易获取银行贷款等。已有研究通过对政企双方关于绿色供应链实施的博弈关系分析，发现政府开展绿色供应链的奖惩制度能够促进企业绿色受益的提高（朱庆华、窦一杰，2007）。其次，政府通过自身实施绿色采购战略，

优先购买环境友好型产品，可以刺激制造企业的绿色生产，进而带动其进行绿色采购战略。另外，政府绿色采购行为具有示范和支持作用，比如我国政府成立了绿色采购网，建立了《绿色采购指导目录》并及时更新，这些都支持了企业的绿色采购战略，Zhu 等（2004）的案例研究发现，政府的支持提高了企业实施绿色供应链的绩效。

政府满足对基于流程的绿色采购战略和企业绩效之间的调节作用未得到验证，虽然政府满足与基于流程的绿色采购战略乘积项的回归系数为 0.066，但不显著。首先，企业实施基于流程的绿色采购战略主要是通过对供应商绿色行为的监督、评价以及与供应商进行绿色合作等，相对基于产品的绿色采购战略来说，政府的参与度很低，不能及时了解企业基于流程的绿色采购战略的进展情况，所以政府的调节作用微乎其微。其次，这与我国绿色供应链和绿色采购实施仍处于起步和发展阶段有关。目前，我国企业绿色采购战略的实施存在很多阻碍，比如缺乏相关的绿色产品和考核标准、相关的法律法规和激励机制的不足等，这些是基于产品的绿色采购战略急需解决的问题。

综上所述，政府的参与度低以及绿色采购的刚起步，共同导致了政府对基于流程的绿色采购战略与企业绩效关系的调节作用不存在。

2. 股东满足的调节作用

股东满足对基于产品的绿色采购战略和企业绩效之间的正向调节作用得到了验证，股东满足与基于产品的绿色采购战略乘积项的回归系数为 0.147，并且在 1% 的统计水平上显著。说明企业越是满足股东的利益诉求，股东越会促进企业基于产品的绿色采购战略提升企业绩效。企业实施基于产品的绿色采购战略包括从绿色原材料采购到企业自身的产品全程管理，需要企业投入很多额外成本，比如人力成本、研发成本等，这些都需要资金的支持，而股东可以通过资本市场买入企业股票为企业增资，有研究表明，二级资本市场对企业取得环境绩效的信息有较大的正向反应（Hamilton，1995；Lanoie，1998）。此外，实施绿色采购战略首先会影响企业的股东利益，股东可以通过股东大会行使表决权，影响企业绿色采购战略的实施。

值得注意的是，股东满足在基于流程的绿色采购战略和企业绩效之间起到了负向调节作用，股东满足与基于流程的绿色采购战略的乘积项回归系数是 −0.116，并且在 5% 的统计水平上显著，说明企业越是满足股东的利益诉求，股东越会抑制企业基于流程的绿色采购战略提升企业绩效。首先，企业实施环境相关战略，即使企业的股东对其充满信心，但由于基于流程的绿色采购战略实施具有复杂性、长期性等特点，其收益常常存在滞后性，这不能被更多关注自身利益的股东们完全接受，导致他们抵制情绪和行为的产生。其次，由委托代理的理论可知（Jensen and Meckling，1976），由于信息不对称和利益冲突等原因，当委托人与代理人的目标不一致时，很难实现委托方的最优收益。实施基于流程的绿色采购战略过程相对复杂，但企业（代理人）即使付出再多努力，由于其具有不可观察性而不被股东（委托人）认可，即会产生信息不对称问题。此外，企业实施基于流程的绿色采购战略追逐的是长期的收益，这与多数股东看重短期收益相背，即会产生利益冲突问题。

3. 债权人满足的调节作用

公司的债权人分为因商业信用往来形成的债权人和因借贷关系形成的债权人。近年来，债权人出于资金安全性的考虑导致其环境意识不断增强。债权人满足对基于产品的绿色采购战略和企业绩效之间的正向调节作用得到了验证，债权人满足与基于产品的绿色采购战略乘积项的回归系数为 0.193，并且在 1% 的统计水平上显著。说明企业越是满足债权人的利益诉求，债权人越会促进企业基于产品的绿色采购战略提升企业绩效。首先，企业实施基于产品的绿色采购战略的另一个资金来源便是债权人，企业只有满足其利益诉求，使债权人对其将要投入的资金放心，企业才能获取资金。其次，从债权人角度考虑，随着全球环境恶化，可持续发展理念的深入人心，投资者们看到了绿色投资机会，他们愿意将资金投向具有环境价值、能够增进环境利益又有正常投资回报项目的企业，基于产品的绿色采购战略就是其中之一。

债权人满足在基于流程的绿色采购战略和企业绩效之间起到了正向调节作用，债权人满足与基于流程的绿色采购战略的乘积项回归系数是 0.252，并且在 1% 的统计水平上显著，说明企业越是满足债权人的利益诉求，债权人越会促进企业基于流程的绿色采购战略提升企业绩效。首先，由委托代理的理论可知，只有当委托人和代理人不会产生利益冲突时，即使信息不对称，代理问题也不会存在。企业实施基于流程的绿色采购战略追逐的是潜在并且长期的收益，这与多数债权人看重长期收益相符，即不会产生利益冲突问题。金融机构在执行信贷和投资决策时非常注重企业的环境友好性，银行等在提供贷款前首先要对企业战略实施流程进行详细的环境评估，尽量减少信息不对称带来的问题。其次，在过去的几十年，荷兰银行、巴克莱银行和汇丰银行等国际银行开始为具有可持续性发展理念的企业提供融资服务（莎娜，2012），鼓励企业采取更高环境责任水平的战略，到目前为止，影响最为广泛的可持续金融行动是赤道原则，即被世界上四十多家银行认可的环境和社会准则。可以看出，绿色环保问题是企业的债权人普遍关注的问题，企业实施基于流程的绿色采购战略是当今比较先进的绿色战略，通过满足债权人的利益诉求，企业可以获得债权人的认可和支持，最终促进绿色采购战略的顺利实施。

第四节　深圳市企业绿色采购案例研究

为了佐证本书研究框架的合理性，更为直观地检验本书提出的基本假设，本书采用案例研究法，选取深圳市实施绿色采购的典型企业为研究对象，组成一个小型样本，通过实地调研与访谈，获取一手资料，在此基础上深入分析企业的绿色采购战略有哪些以及是如何影响企业绩效的。

一、案例研究背景

深圳市生产总值的一半以上为工业产值，其支柱产业是电子制造业和日用消费品制造业。由于历史的传承，这些制造企业的发展多为传统的粗放式增长模式，即企业环境管理落后，对生态环境产生很大压力，导致经济难以可持续发展。因此，迫切需要转变生产方式，实行产业升级和产业优化。从2006年开始，政府通过在供应链的上下游企业之间建立环保责任制度，并引入绿色发展机制，在采购环节对生产企业提出绿色环保要求，促进了产业升级和经济的绿色发展，特别是在企业绿色采购实施方面，位于全国领先地位。

对深圳市"鹏城减废"行动指导委员会提供的数据分析发现，2011年，"鹏城减废"行动取得了良好的成效，全年申请参与的企业达一千余家，获奖企业有184家。据统计，参与减废的企业2011年度累计投入6.6亿元，取得了削减8382.7吨COD、444.5吨二氧化硫、16360.4吨氮氧化物、120792.5吨二氧化碳、102173吨危险废弃物以及节约282万吨水资源和12115万千瓦时用电的环境效益。同时，企业在开展减废行动的过程中，取得了丰厚的经济收益，树立了良好的社会形象,提升了企业核心竞争力,改善了企业环境和经济效益。

2011 年度的"鹏城减废"行动提出,通过绿色供应链,促使企业减废减污,发挥大型企业在整个产业链中的带头作用,各级环保部门与签订了《企业绿色采购合作协议》的大型企业实现信息共享,定期向合作企业提供环保诚信及违法企业信息,鼓励合作企业暂停对受过严重环保处罚的上游企业的采购活动。2011 年,合作企业处理了违反环保法律法规的供应商,其中冻结采购 26 家、督促整改 11 家,对上游企业的减污减废起到了积极的监督和带动作用。

2012 年 1 月,在国家环保部项目支持下,本书对深圳市企业实施绿色采购的发展历程以及实施现状进行了详细的调研分析,主要是通过深圳市环保局牵头组织企业座谈会以及调研人员到企业实地访谈等形式进行,调研的十几家企业主要包括华为、富士康、理光工业、富士施乐、爱普生、深南电路、奥林巴斯、中兴通讯等,访谈对象包括企业设计部门和采购部门等负责人、企业当地一些客户、供应商等,本部分案例讨论的数据来源主要是环保局提供的近五年环保和绿色采购的有关材料、环保部门及企业的访谈录音、企业的规章制度等。Yin(1994)强调,为提升研究的可信性、有效性,进行研究数据搜集时,必须保证各渠道搜集信息的一致性,才能进一步用于理论假设的支撑材料。本书研究对座谈会、企业访谈等过程进行录音,形成了大量文字记录,并进行了系统整理和分析。特别对于访谈所获取的相关信息,为了提高数据可信度,本书通过对多个部门人员、供应商以及客户的调研相互印证,利用通过验证的信息来进行相关研究。

二、企业绿色采购实施的概况

1. 深圳市企业绿色采购发展历程

在深圳市政府的倡导和典型企业的示范下,从"鹏城减废"行动到"绿色采购宣言"再到"绿色采购合作协议",如今,深圳市企业的绿色采购体系已经较为成熟,越来越多的企业加入到绿色采购队伍中,推动了深圳市循环经济发展。

(1)企业绿色采购的起点——"鹏程减废"行动。

"鹏城减废"行动是政府引导、企业自愿参与的环保专项行动,目的是鼓励企业提高资源利用率,降低能源消耗,减少废弃物的排放,它为企业提供了一个履行社会责任、展示环保形象的机会和平台。从 2006 年的 113 家企业发展到 2011 年的 1000 余家企业，对于减废成效突出的企业，不仅可以获得十万元奖励，还可以享有优先扩建项目，优先给予环保资金扶持等十项优惠政策，鹏城减废行动主要包含三种减废方法、八个减废途径。

三种减废方法：从源头削减废物或污染物；对未能削减的废物以环境安全的方式进行循环回用和综合利用；采取适当的污染治理技术完成排放前的污染削减。

八个减废途径：原辅材料和能源的替代及优化；采用先进的工艺技术；生产设备的改进及优化；加强过程控制；调整产品种类、性能、包装方式；加强管理；加强培训，提高员工素质；根据废物的特性循环再用或处理后成为其他生产过程的原料。

（2）企业绿色采购的进一步发展——"绿色采购宣言"。

为了推动减废行动在更多企业中的实施，使减废行动沿供应链向上下游延伸，最终实现产业链的绿色化，2006 年 8 月 8 日，在深圳市环保局倡导和组织下，华为等 13 家在全国有广泛影响的大型企业响应号召，决定联合发布绿色采购宣言，承诺进行绿色采购，并接受政府和社会的监督，宣言内容主要有五点：优先采购环境友好型产品、建立绿色采购的认证体系、不采购违规企业的产品和服务、不采购对环境以及人类有害的原材料和商品。

（3）企业绿色采购的成熟——"企业绿色采购合作协议"。

为深入推行绿色采购，加速深圳市重点行业产业链的生态化和绿色化，提高国际竞争力，2008 年 9 月 11 日，深圳市环境保护局以"平等自愿、信息互动、示范带动、持续推进"为原则，与华为等 15 家社会影响力较大的企业，在协商一致的基础上签署《深圳市企业绿色采购合作协议》。协议主要涵盖了合作宗旨、原则、内容、机制四个方面，其中在内容里，详细阐述了深圳市环保局以及企业的具体职责，如下所述：

深圳市环境保护局在合作中的职责：

第一，在环保局网站上定期（每个月）发布环境表现不良企业名单，包括（上个月）环境违法企业名单及其违法情况、处罚结果等，为企业绿色采购提供信息依据。

第二，通过 E-mail 形式及时通告企业联络人其本市重污染行业供应商的环境违法情况，以便企业调整采购方案。

第三，编制"企业绿色采购信息指引"，提供并更新环境表现良好企业名单和优先采购产品名单，为企业绿色采购提供技术指导和信息咨询服务。

第四，对企业的供应商信息承担保密义务。

第五，对绿色采购效果良好的合作企业实施奖励（如设立"鹏城减废促进奖"），以起到鼓励、宣传和带动的作用。

企业在合作中的职责：

第一，履行《绿色采购宣言》的共同承诺，推行绿色采购。

第二，选定一名管理人员作为联络员，以季度报表的形式向深圳市环境保护局上报重污染行业供应商的变动情况，并及时通报和反馈本企业的采购信息（如环境表现不良企业名单更新等）。

第三，参加绿色采购联席会议，畅通各成员单位信息交流渠道，提高工作效率。

第四，配合深圳市环境保护局完成绿色采购走访工作。

为落实这一协议，环保部门建立了绿色采购信息共享平台，及时发布与更新企业违规环境信息等，与合作企业互动，帮助其调整采购策略，增强规避环境风险的意识。同时，环保部门对实施绿色采购的环保企业给予政策倾斜，在环境治理工程等方面给予更多支持和优惠。

2. 深圳市企业绿色采购现状分析

从 2006 年开始，参与绿色采购的大中型企业逐渐增多，截至 2012 年初，已有近 30 家企业实施绿色采购，这些企业依据鹏程减废行动、绿色采购宣言以及绿色采购合作协议的有关内容，结合自身企业的行业属性和价值链特性，分别制定了不同的绿色采购战略，主要有以下几个方面：

（1）供应商选择。

在进行供应商选择时，融入环境相关标准，各企业依据第三方认证体系、环保标志、环保数据库以及自身设置的认证体系，调查供应商的环保信息（包括遵守法规、环境管理流程、环境影响和绩效评估等），在此基础上选择合格的供应商，比如深南电路、富士施乐。

深南电路：根据环保局提供的违规名单，及时跟涉案供应商进行沟通，暂停采购，令其整改，整改通过后恢复与其合作。此外，要求所有供应商具有环境保护标志，确保其处于行业领先水平，择优选择。在签署合作协议的同时，还与供应商签署一份《绿色环境保护申明书》，定期要求供应商提供产品的第三方有害物质质量检测报告，建立物质安全资料表。每年进行一次环保审核，从供应商组织、流程、产品、执行方面全方位引导和管理。

富士施乐：2003年制定了绿色采购基准，包括让供应商签订不含禁止物质的声明，同时提交一些相关的产品分析数据，并且针对欧盟的RoHS标准，对供应商的零部件进行抽查，达到RoHS标准的要求。此外，选择供应商时，要求其通过ISO9000、ISO14000等的认证，鼓励供应商使用可再生的零部件。

（2）供应商审核。

以环保局提供的环保数据以及一些NGO（非政府组织）的数据（比如IPE数据库）为基础，运用自己建立的绿色产品认证体系，对供应商进行审核，实施供应商的分类管理，比如华为、中兴通讯以及奥林巴斯。

华为：一直以比较积极的态度，把绿色采购放在环保工作首位，2010年，在深圳市环保局提供的供应商环保数据基础上，引入IPE数据库，全年内，对59家新的供应商通过环保违规检测，对50家供应商进行了审核，对147家供应商进行了环保数据库的推广，对105家重点供应商进行现场工作的审核。2011年，有24家供应商因为优秀的环境表现，提高了供应份额；有58家供应商，由于没有满足相关的标准要求，份额从40%降低至10%~20%；有8家供应商在屡次沟通和帮助后依旧不能达标，被停止采购。

中兴通讯：供应商管控主要是根据环保局提供数据和IPE数据库，企业拥有自己的供应商风险评估体系，比如与新旧供应商签订企业社会责任协议，包括安全、劳工权益、环境等，并在此基础上对供应商进行现场审核，如果审核未通过，则本着合作的原则，给予一定时间进行整改，而并不是立即停单，一般为3~6个月。如果供应商不愿意去改善、去投入，或者改善期过了后仍未通过审核，则取消合作，2011年共有4家企业停止合作。

奥林巴斯：绿色采购的实施主要分为三个方面，源头方面，要求供应商提供化学用品的详细分类；供应商选择方面，有专门的标准书，对其环境、职业健康等进行评分；供应商评价方面，对供应商每年至少进行一次第二方监察，包括其产品的环保性以及企业的环境表现（是否有违法行为等）。环保局提供的每个红黄牌名单，查阅是否有自己供应商，如果有，则及时联系，令其整改，半年内进行核查；供应商提供产品时，要求返还包装材料，比如塑料泡沫等。

（3）供应商协作。

与供应商的协作可以减少双方对环境的影响，比如包装材料的回收、逆向物流的开展等。通过定期召开供应商大会，对供应商进行环境问题和环境管理战略的培训，帮助和指导供应商实施环保行动，比如富士康和理光工业。

富士康：供应商选择和评价时，对供应商产品的无害化方面进行打分，选择合格的供应商；节能方面，定期举办供应商节能减排大赛，吸收好的环保思想和做法，运用于企业本身以及其他的供应商；绿色物流方面，首先对于小批量分散的供货，公司安排车辆到各供应商处集中采购。其次，逆向物流思想，鼓励供应商重复使用包装材料；环境管理方面，要求供应商对其"三废"排放的达标等。此外，实时监控 NGO 对各供应商的环境评分。

理光工业：2002 年开始建立了绿色采购体系，通过化学物质的管制、监察员制度等对供应商进行环保监控，本企业生产的产品均进行环标认证，扩大了政府和市场的影响力；从 2006 年开始，与政府签订绿色采购协议，将企业的绿色采购要求与政府的要求进行结合，每年四次对环保违规名单进行相应处理，并且每年举办供应商大会，宣传政府和企业的绿色采购政策和要求，通过与政府的绿色采购合作协议的实施，对供应商进行制约，起到了监管和督促的作用。

（4）企业自身的绿色战略。

从全局化、流程化的视角看，目前的绿色采购战略除包含供应商的选择、评价与写作外，还包括企业自身的绿色战略，从绿色设计到绿色生产再到绿色营销的产品全程绿色，比如理光工业拥有 30 多家再资源化处理供应商，将包括电池、荧光灯、金属制品、产业垃圾等全部实现再资源化，基本达到99.98%。富士施乐在苏州成立了再生资源回收工厂，统一处理国内的一些废旧机器和零部件。

对调研和访谈中，各企业采用的绿色采购战略进行总结打分，并按照本书的分类进行相应的归类和评分，即基于产品的绿色采购战略有八个维度，最高8 分；基于流程的绿色采购战略有十个维度，最高 10 分，具体如表 6-1 所示。

表6-1 深圳市企业绿色采购战略归类表

	深南电路	富士施乐	华为集团	中兴通讯	奥林巴斯	富士康科技	理光工业	平均分
基于产品的绿色采购	4	5	6	5	4	5	4	4.71
基于流程的绿色采购	5	5	5	7	6	6	7	5.86

由表 6-1 可以看出，基于产品的绿色采购战略平均得分为 4.71，远大于样本数据的 3.09；基于流程的绿色采购战略得分为 5.86，远大于样本数据的 2.0。并且，值得注意的是，这七家企业基于流程的绿色采购战略平均得分明显高于基于产品的绿色采购战略平均得分，这说明深圳市企业实施绿色采购战略更注重流程的绿色，即对供应商的绿色调查与评价以及与其进行绿色合作等。

三、企业绿色采购实施的影响

在调研提纲中，按照本书的研究框架设计了一些问题，用于探索企业实施绿色采购战略与企业绩效之间的内在关系，具体问题包括：①实施绿色采购战略是否能够影响企业绩效？提高还是降低？②如果能够影响企业绩效，则是直接影响还是间接影响？③实施绿色采购战略是否能够影响企业运营效率？提高还是降低？④实施绿色采购战略的效果会受到企业利益相关者的影响吗？比如供应商、客户等。通过对七家企业进行访谈，并将各自答案进行整理，得到如表 6-2 所示的结果，其中 1 代表同意，0 代表不同意。

表 6-2　深圳市企业绿色采购实施的影响

问题	选项	深南电路	富士施乐	华为集团	中兴通讯	奥林巴斯	富士康科技	理光工业	总得分
绩效	提高	1	1	1	1	1	1	1	7
	降低	0	0	0	0	0	0	0	0
影响机制	直接	0	0	0	0	1	0	0	1
	间接	1	1	1	0	1	1	1	6
运营效率	提高	1	1	1	1	1	1	1	7
	降低	0	0	0	0	0	0	0	0
利益相关者的影响	供应商	1	1	1	1	1	1	1	7
	客户	0	1	1	1	0	1	1	5
	政府	1	1	1	1	1	1	1	7
	股东	1	1	1	1	1	1	1	7
	债权人	1	1	1	1	0	1	1	6

由表 6-2 可以看出，所有企业均认为实施绿色采购战略能够提高企业的绩效，其中大部分企业认为对绩效的影响作用是间接的，而且这种影响作用受到企业各方利益相关者的影响，包括供应商、客户、政府、股东和债权人。将表 6-2 与本书的基本假设进行对比，大体上均支持了本书提出的假设，即企业实施绿色采购战略能够提高企业绩效，并且存在中介变量和调节变量。具体来说，对于主效应来说，虽然本书对企业的调研没有将绿色采购战略分为基于产品的绿色采购战略和基于流程的绿色采购战略，但是总体上也能看出其对企业绩效的正面影响作用；对于中介效应来说，绝大多数企业都认为绿色采购战略对企

业绩效的影响是间接的，而且认为绿色采购战略可以提升企业的运营效率，在一定程度上验证了企业运营效率的中介作用；对于调节效应而言，所有提到的利益相关者均被认定会影响绿色采购战略的实施，即能够调节绿色采购的实施效果。

第七章　结论与建议

第一节　主要结论

在我国大力推进可持续发展和循环经济的背景下，本书在前人已有研究的基础上，探讨了绿色采购战略与企业绩效之间的内在关系，并进一步分析了企业运营效率在绿色采购战略对我国企业绩效影响中的中介作用，以及利益相关者满足在其中的调节作用。围绕着绿色采购主题，本书对绿色采购和绿色供应链、企业运营效率、利益相关者满足以及企业绩效等相关研究文献进行了梳理和总结，基于利益相关者理论和资源依赖理论提出了本书的框架以及研究的相关假设，然后根据各个概念的内涵，基于前人已有的研究，设计了各个变量的测量方法，并以我国206家A股上市公司为研究对象，通过多种途径（财经网站、企业网站、行业报告等）搜集、分析、整理2011年各企业的年报、社会责任报告、可持续发展报告等，最终确立了研究样本数据对框架模型进行了验证，并对验证结果进行了深入分析，阐明了绿色采购战略影响企业绩效的内在机理。本书的主要结论有以下几点：

第一，从产品导向和流程导向的视角，重新定义了企业绿色采购战略，包含基于产品的绿色采购战略和基于流程的绿色采购战略两个维度，并揭示了这两种战略对企业绩效的影响作用。研究结果表明基于产品的绿色采购战略能够促进企业绩效的明显提升，基于流程的绿色采购战略也能在一定程度上提升企业的绩效。

第二，本书验证了企业运营效率在绿色采购战略与企业绩效之间的中介作用，研究结果表明基于产品的绿色采购战略和基于流程的绿色采购战略对企业绩效的影响受企业运营效率的中介调节，说明企业运营效率作为中介行为过程对企业绩效的提升具有重要意义。

第三，本书进一步揭示了利益相关者满足对绿色采购战略与企业运营效率以及企业绩效关系的影响作用，其中利益相关者满足分为交易契约类利益相关者满足和决策影响类利益相关者满足。研究发现：供应商满足正向调节基于产品的绿色采购战略对企业运营效率的影响，负向调节基于流程的绿色采购战略对企业运营效率的影响；客户满足正向调节基于产品的绿色采购战略对企业运营效率的影响，不调节基于流程的绿色采购战略对企业运营效率的影响；股东满足正向调节基于产品的绿色采购战略对企业绩效的影响，负向调节基于流程的绿色采购战略对企业绩效的影响；债权人满足正向调节基于产品的绿色采购战略对企业绩效的影响，正向调节基于流程的绿色采购战略对企业绩效的影响；政府满足正向调节基于产品的绿色采购战略对企业绩效的影响，不调节基于流程的绿色采购战略对企业绩效的影响。

第二节　理论创新与贡献

本书引入企业运营效率和利益相关者满足，深入探究了绿色采购战略对企业绩效的内在影响机理。结合利益相关者理论和资源依赖理论，本书提出 14 个假设关系，其中 2 个被拒绝，2 个得到反向支持，其余全部支持。本书的研究结论对于拓展和深入绿色供应链管理、利益相关者和企业绩效的研究具有重要意义，这些理论贡献即是本书的创新点。

第一，本书从产品导向和流程导向的视角出发，在梳理和总结已有绿色采购战略研究文献的基础上，特别是借鉴 Green（1996）和 Bowen（2001）的研究，对企业的绿色采购战略进行了重新的界定和分类，即分为基于产品的绿色采购战略和基于流程的绿色采购战略两个维度，并给出了各自的详细定义。

实施绿色采购战略，企业需要投入很多额外成本（Min and Galle，1997），比如因管理流程的复杂化而增加的人力成本、因先进技术的引进而增加的技术成本和培训成本、因对供应商的资质审查而增加的审核成本等，所以企业首要考虑的问题就是这些额外成本的投入能否带来预期收益。在理论界，学者们对于绿色采购具体战略的系统性研究较少，没有一个统一的维度划分，很多学者都是在问卷研究或者案例研究中提出了企业的绿色采购战略（Carter，2000；Min and Galle，2001；Boiral，2007），而且很多是在绿色供应链管理的研究中有所涉及（Qinghua Zhu，2007；Green，2012）。基于此，本书对企业绿色采购战略具体内容进行了系统性研究，将其划分为基于产品的绿色采购战略和基于流程的绿色采购战略，分别包含八个维度和十个维度，进一步完善了关于企业绿色采购战略定义和分类的理论研究。

第二，本书运用二手数据分别验证了基于产品的绿色采购战略和基于流程的绿色采购战略与企业绩效之间的关系，为绿色采购战略与企业绩效的相关研究提供了实证支持。

绿色采购与企业绩效的关系并没有形成定论（刘彬、朱庆华，2009），大部分实证研究认为绿色采购战略能够提升企业绩效，少数研究得到了负相关或者不相关的结论，本书分析出现这种差异的现象跟研究数据有关。已有实证研究的样本数据来源具有差异性，多数是采取问卷调研获取一手数据（Carter，2005；Liu Bin and Zhao Rong，2008），还有少数案例研究，主观性相对较强，而且由于问卷发放地区和企业行业分布的有限导致普适性不足，因此，可能会导致实证结果产生差异。基于此，本书的样本数据，即所有变量的测量均使用二手数据，保证研究的严谨性和客观性，一定程度上克服了一手数据主观性的缺陷。具体来说，自变量的测量运用文本分析法，编码的题项通过对已有的绿色采购战略分类研究的文献进行综述以及对多个实施绿色采购企业的案例分析得出，其余变量的测量均采用财务数据进行替代测量。

第三，在文献综述的基础上，本书探索了绿色采购战略影响企业绩效的内在机理，提出了一个新的概念模型，即引入运营效率作为中介变量，利益相关者满足作为调节变量，拓展了绿色采购战略的研究视野。

实施绿色采购战略为企业带来的收益具有隐藏性和长期性等特点，这让很多企业担心实施绿色采购会增加企业成本，降低企业利润；在理论界，已有研究均是集中在绿色采购战略对企业绩效的直接影响作用，其内在作用关系和两者发生作用的存在条件仍不清晰，故难免产生研究争议。所以，仍需做进一步的理论探索和推进，以厘清两者之间的深层次关系。基于以上分析，本书认为企业实施绿色采购战略能够直接提升企业的运营效率，进而提升企业的绩效，并且由于实施绿色采购需要的资源等需要利益相关者的支持，所以其实施效果还受到企业对利益相关者诉求满足的影响，具体说来交易契约类利益相关者能够影响绿色采购战略对企业运营效率的作用，而决策影响类利益相关者能够影响绿色采购战略对企业绩效的作用。

综上，本书的研究解释了以往关于企业绿色采购战略对企业绩效影响研究结论不一致的可能原因，即绿色采购战略定义和分类的差异性、数据来源的差异性以及研究模型的单一性。在此基础上，本书有针对性地采取问题解决方案，即重新界定和分类企业绿色采购战略、运用二手数据进行变量测量以及引入中介变量和调节变量构建了新的解释模型，为绿色采购战略与企业绩效的研究作了重要的补充。

第三节　实践管理与政策建议

本书不仅深化了对企业绿色采购战略的理解，而且对企业的绿色采购实践和政府相关政策的制定等也有较强的指导意义。

一、对企业的建议

绿色采购是我国企业提升绿色竞争力的有效途径，其有效实施需要企业的积极推动。在总结梳理已有文献和本书研究成果的基础上，提出我国企业实施绿色采购战略的几点建议。

第一，转变传统的环境意识，正确认识绿色采购战略的价值所在。本书通过实证研究进一步验证了企业实施绿色采购战略能够促进绩效的提升，所以就绿色采购的价值效应而言，企业经理人着力考虑的不应再是"是否要实施绿色采购战略"，而是应探究在实施绿色采购战略时，如何合理评估绿色采购带来的企业价值变化，比如采用以全生命周期评价为原则的绿色会计和财务制度；值得注意的是，绿色采购战略带来的收益具有长期性和隐藏性等特点，正如本书提出的绿色采购战略在一定程度上能够提升企业运营效率，进而改善企业的绩效。基于以上分析，企业应放远眼光，不要盲目追求绿色采购战略带来的快速收益。

第二，根据自身的资源和能力基础，选择与之匹配的绿色采购战略。实施基于产品的绿色采购战略还是基于流程的绿色采购战略，要充分考量不同企业的实际情况而定，尤其是要结合企业自身经济实力以及供应链上下游的关系等综合权衡，保证绿色采购战略的价值性。在我国，绿色采购尚处于起步发展阶段，即绝大多数企业采取的是基于产品的绿色采购战略，随着企业的发展和绿色要求等的提升，企业应制定相对主动的绿色采购战略，即基于流程的绿色采购战略，积极履行企业的社会责任。基于此，本书对避免企业绿色采购的盲目性，进而提升绿色采购战略的针对性和有效性有重要的意义。

第三，绿色采购利益相关者的协调问题是绿色采购管理的重要内容，由于各利益相关者的自利性行为、信息拥有的不对称等，经常会出现利益相关者利益与企业决策产生冲突，因此企业需要建立有效的利益相关者协调机制，尽量满足各利益相关者的利益诉求。本书详细地分析了各利益相关者如何影响企业绿色采购战略与运营效率、企业绩效之间的关系，这给实施不同绿色采购战略的企业进行利益相关者的协调策略提供了理论支撑。具体说来，对于具有正向影响作用的利益相关者，企业应该尽量探索并满足其利益诉求，维持良好的关系，从而获取实施绿色采购需要的资源；对于具有负向影响作用的利益相关者，企业应该就其绿色采购战略加强与他们的信息交流，满足其利益诉求的同时获取他们的理解和支持，保证自身绿色采购战略的顺利实施。

第四，落实到实施层面，企业应该根据自身绿色采购战略的要求，运用自身资源和能力，建立绿色采购战略体系，构建绿色企业组织，从企业内部和外部同时开展。内部层面的实践包括：建立绿色企业愿景和文化，对企业员工进行不同层次的绿色培训，加强部门之间的紧密配合与协作，实施原料、科技及流程创新，建立包括ISO14000在内的相关环境管理体系，保证绿色采购顺利进展等；外部层面的实践包括：促进采购供应双方的信息共享，选择绿色供应商并与之密切合作，建立完善的供应商评价体系，实施有效的利益相关者管理策略等。

综上，随着可持续发展观念逐渐深入人心和各国对环境管理意识的不断提高，我国企业应该主动承担起企业的社会责任，制定主动的环境战略，从绿色采购做起，提高企业内部的环境管理水平，加强与上下游企业以及其他利益相关者的沟通与联系，最终真正提高企业的经济绩效和环境绩效。

二、对政府的建议

在市场经济条件下，资源的配置主要通过市场这只"无形的手"来完成，而政府的指导作用同样不能被忽视。尤其在环境管理方面，政府应发挥其宏观指导作用，促进企业开展全过程环境管理模式。对于推行企业绿色采购而言，政府要运用多种宏观调控手段、出台相关政策体系促进绿色采购，为企业绿色采购营造良好的外部环境，本书认为政府应以循环经济和可持续发展为指导方针，发挥其规范、引导和监督作用，如表 7-1 所示。

表 7-1 政府在企业绿色采购中的作用

	实施手段
规范作用	企业绿色采购标准体系构建
	完善已有相关制度
引导作用	调整产业政策
	建设良好的绿色采购信息沟通渠道
	建立绿色采购激励机制
	发展绿色技术体系
监督作用	生产者责任延伸
	环境公益诉讼，鼓励公众参与
	建立惩罚机制，设置监督机构

通过以上综合分析可以看出，我国政府对采购清单的制定、信息的发布、程序、监督、惩戒等事项做出了明确规定。可以说，企业绿色采购政策体系的建立是一个长期、复杂的系统工程，需要结合循环经济和可持续发展的要求，即从"源头"全程跟踪产品的整个生命周期，从政府主导以及企业自身两方面建立相应的支撑制度和体系。从政府角度出发，应建立和完善绿色市场准入、绿色标准制度、绿色激励、环境审计等制度；而从企业角度出发，则应建立和完善环境信息披露、环境会计、生产者责任延伸、公司环境监事等制度。

三、基于政企互动的绿色采购模式探索研究

根据马克思主义的实践论，实践是由主体、客体、中介三者构成的。在企业绿色采购实践中，主体是下游企业，客体是上游企业，政府、NGO 等是中介，目前，我国绿色采购实施现状是由于绿色采购指导和保障体系的缺失以及上下游企业追求自身利益最大化，均不愿承担实施绿色采购战略带来的风险，而政府以市场化经济主导，没有出台有关的强制性法规和政策去干涉企业间的绿色采购行为，导致企业环保的守法成本高、违法成本低的现状。

通过整理和总结深圳市绿色采购模式可以看出，企业绿色采购的成功实施

最终要靠政府部门和企业的合作,仅依靠政府或者企业自身的力量是不可行的,需要在采购企业和政府间形成一个联动机制,基于此,本书提出了基于政企联动的绿色采购模式,如图 7-1 所示,该模式的参与主体主要是政府、供应商(上游企业)、制造商(下游企业)以及公众和 NGO 等。以资金、信息、技术和政策法规为支撑体系,通过构建政府和企业的联动机制,消除企业的各种顾虑,推动企业绿色采购的快速发展。

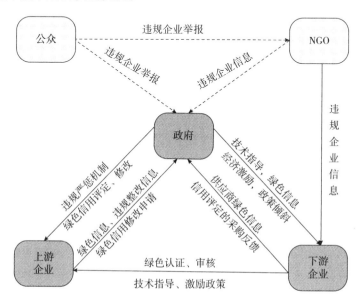

图 7-1 基于政企联动的绿色采购模式

通过构建绿色信息共享平台,政府向下游企业提供供应商违法信息、绿色产品信息,而企业通过平台向政府提供其供应商以及自身绿色信息,完善平台绿色数据库;同时政府和企业通过建设网站公布一些重要的绿色信息,提高企业以及公民的绿色意识,保证企业间绿色信息传递的高效性和真实性。

政府通过制定绿色信用等级评定制度,与下游企业共同监督上游企业的环保行为。首先,政府根据上游企业的环保现状,给予相应的绿色信用等级,在绿色信息平台以及网站进行公布,并根据企业的环保违规行为对其进行绿色信用降级处理以及依据有关法规进行严惩,比如双倍罚金、取消税收优惠等,下游企业则通过减少其采购份额,让供应商限期整改,并将处理方案反馈给政府部门。其次,违规的上游企业经过环保整改后,通过提交整改方案和结果等,向政府提出绿色信用升级申请,通过审核后,政府在信息平台及网站更新其绿色信用信息，并通知下游企业。

政府针对实施绿色采购的企业制定激励政策，由于财政资金的有限以及大企业对经济激励的麻木，政府应通过政策倾斜，给实施绿色采购的企业以放宽或优惠政策待遇，促进其更快发展。同样，下游企业对上游企业的绿色激励也可以效仿此法。此外，公众、行业协会、环保类非政府组织、认证机构以及科研机构也要参与进来，共同促进企业绿色采购的顺利实施。比如，公众可以通过政府或者 NGO 间接向下游企业提供一些违规企业信息；认证机构和科研机构可以帮助建立和完善绿色采购标准体系。

第四节　研究局限性和进一步研究方向

尽管本书对绿色采购战略与企业绩效之间的作用机理进行了探索，得到了一些有意义的结论，但在研究过程中由于主客观条件的限制，在模型构建和数据处理方面存在一些不足，这也是在将来研究中需要努力的方向。

从研究模型角度看，首先，绿色采购的内涵和外延还应当进一步拓展。绿色采购的理念是随着绿色供应链理论、环境管理理念的发展而发展的，随着经济的发展和社会的进步，绿色采购的内涵会得到深化、外延会更加广泛。其次，绿色采购与企业绩效之间可能还存在其他联系机制，也可能会受到其他因素的影响，本书仅探讨了企业运营效率发挥的中介作用以及利益相关者满足发挥的调节作用，对此需要更深的理论挖掘。比如绿色采购战略是否能够提升企业的供应链柔性以及是否会受到制度情景因素和外部环境因素的影响。

从数据处理角度看，首先，从样本容量角度来说，本书有效样本容量为206 个，涉及 8 个行业，样本容量相对较小，会影响实证研究结果的信度和效度。而且由于 2010 年以前企业发布社会责任报告等的数量过少原因，本书使用的是 2011 年企业的截面数据，未来研究应增加年份数据，使用面板数据进行实证检验。其次，本书在获取自变量（绿色采购战略）的样本数据时，使用了内容分析法，虽然事前对编码人员进行了认真培训和指导，尽量减少编码人员主观性带来的误差，但是这种误差还是在一定程度上存在的。在未来研究中，笔者将会进一步降低运用内容分析法带来的偏差。

参考文献

［1］ AJ Barbera，VD McConnell. The impact of environmental regulations on industry productivity：Direct and indirect effects［J］. Journal of Environmental Economics and Management，1990（1）：50-65.

［2］ Albino V，A Balice，R M Dangelico. Environmental strategies and green product development：An overview on sustainability-driven companies［J］. Business Strategy and the Environment，2009（2）：83-96.

［3］ Ali Emrouznejad，Abdel Latef Anouze. Data envelopment analysis with classification and regression tree：A case of banking efficiency［J］.Expert Systems，2010，27（4）：231-246.

［4］ Andersson L M，T S Bateman. Individual environmental initiative：Championing natural environmental issues in U.S. business organizations［J］. Academy of Management Journal，2000（4）：548-570.

［5］ Ansoff I. Corporate Strategy［M］.New York：McGraw-hill，1965.

［6］ Antonio Rueda-Manzanares，J. Alberto Arago' n-Correa，Sanjay Sharma. The influence of stakeholders on the environmental strategy of service firms：The moderating effects of complexity，uncertainty and munificence［J］. British Journal of Management，2008（19）：185-203.

［7］ Atkinson A，Waterhouse J H，Wells R B. A stakeholder approach to strategic performance measurement［J］.Management Review，1997（9）：27-32.

［8］ B Hamner，T Rosario. Green purchasing：A channel for improving the environmental performance of SMEs［A］//Globalisation and the Environment：Perspectives from OECD and Dynamic Non-Member Countries［Z］.Paris：OECD，1998.

［9］ Barb Kaiser，Patrick D. Eagan，Hollie Shaner.Solutions to health care waste : Life-cycle thinking and green purchasing [J] . Environmental Health Perspectives, 2001（3）: 205-207.

［10］ Barnum D T.DEA efficiency analysis involving multiple production processes with an application to urban mass transit darold [J] .UIC Great Cities Institute, 2008.

［11］ Baron R, Kenny D. The moderator-mediator variable distinction in social psychological research : Conceptual, strategic, and statistical considerations [J] .Journal of Personality and Social Psychology, 1986（6）: 1173-1182.

［12］ Barrett S. Strategy and environment [J] . Columbia Journal of World Business, 1992（27）: 202-209.

［13］ Baumann H, Boons F, Bragd A. Mapping the green product development field : Engineering, policy and business perspectives [J] .Journal of Cleaner Production, 2002（5）: 409- 425.

［14］ Berman S L, Wicks A C, Kotha Suresh , Jones T. M. Does stakeholder orientation matter? [J] . Academy of Management Journal, 1999, 42（5）: 488-506.

［15］ Berman, WickS, Kotha , Jones. The structure of optimal trust : Moral and strategic implications [J] . Academy of Management Review, 1999（24）: 99-116.

［16］ Bloemhof-Ruwaard , Jacqueline, M. Paul Van Beek , Leen Hordijk. Interactions between operational research and environmental management [J] . European Journal of Operational Research , 1995 , 85（2）: 229-243.

［17］ Bonnie F.Daily, Su-chun Huang. Achieving sustainability through attention to human resource factors in environmental management [J] . International Journal of Operations & Production Management, 2001（12）: 1539-1552.

［18］ Bowen E F, Cousins P D, Lamming R C , Faruk A C. Horses for courses : Explaining the gap between the theory and practice of green supply [J] . Greener Management International, 2002（35）: 41-60.

［19］ Bowen F, Cousins P, Lamming R, et al. Horses for courses : Explaining the gap between the theory and practice of green supply [A] //Sarkis J.Greening the Supply chain[M] . London : Springer, 2006 : 151-172.

［20］ Bradley R. Agle，Thomas Donaldson，R. Edward Freeman. Dialogue：Toward superior stakeholder theory［J］. Business Ethics Quarterly，2008，18（2）：153-190.

［21］ CA Ramus，I Montiel. When are corporate environmental policies a form of greenwashing［J］. Business & Society，2005（4）：377-414.

［22］ Cao Qing-kui，Li Li-jie，Yu Bing. Decision-Making research of green purchasing based on set-pair analysis［C］. International Conference on Management Science & Engineering，2007：555-560.

［23］ Carroll A B. A three-dimensional conceptual model of corporate performance［J］. Academy of management review，1979（4）：497-505.

［24］ Carroll A.B. Reflections on stakeholder theory［J］.Business and Society，1994，33（1）：128-131.

［25］ Charkham J. Corporate governance：Lessons from abroad［J］. European Business Journal，1992（2）：8-16.

［26］ Charl de Villiers，Vic Naiker，Chris J. van Staden. The effect of board characteristics on firm environmental performance［J］. Journal of Management，2011（6）：1636-1663.

［27］ Cheng-Li Huang，Fan-Hua Kung. Drivers of environmental disclosure and takeholder expectation：Evidence from taiwan［J］. Journal of Business Ethics，2010（96）：435-451.

［28］ Chung-Chiang Chen. Incorporating green purchasing into the frame of ISO 14000［J］. Journal of Cleaner Production，2005（13）：927-933.

［29］ Clarkson M. A risk based model of stakeholder theory［C］.Second Toronto Conference on Stakeholder Theory，1994.

［30］ Clarkson M. A stakeholder framework for analyzing and evaluating corporate social performance［J］. Academy of management review，1995（1）：92-117.

［31］ Clarkson，M. A stakeholder framework for analyzing and evaluating corporate social performance［J］. Academy of Management Review，1995，20（1）：92-117.

［32］ Concepcio'n Garce's-Ayerbe，Pilar Rivera-Torres，Josefina L. Murillo-Luna. stakeholder pressure and environmental proactivity：Moderating effect of competitive advantage expectations〔J〕. Management Decision,2012（2）: 189-206.

〔33〕 Corbett C J , K lassen R D. Extending the horizons : Environmental excellence as key to improving operations〔J〕. M&Som- Manufacturing & Service Operations Management, 2006（1）: 5- 22.

〔34〕 Craig R. Carter , Joseph R. Carter. Interorganizational determinants of environmental purchasing : Initial evidence from the consumer products industries 〔J〕. Decision Sciences, 1998, 29（3）: 659-684.

〔35〕 Craig R. Carter , Marianne M.Jennings. The role of purchasing in corporate social responsibility : A structural equation analysis〔J〕. Journal of Business Logistics, 2004（1）: 145-186.

〔36〕 Craig R. Carter , Rahul Kale, Curtis M. Grimm. Environmental purchasing and firm performance : An empirical investigation〔J〕.Transportation Research Part E, 2000（36）: 219-228.

〔37〕 Craig R. Carter, Lisa M. Ellram , Kathryn J. Ready. Environmental purchasing : benchmarking our german counterparts〔J〕. International Journal of Purchasing and Materials Management, 1998（4）: 28-38.

〔38〕 Craig R. Carter, Marianne M Jennings. Social responsibility and supply chain relationships〔J〕. Transportation Research Part E : Logistics and Transportation Review, 2001（1）: 37-52.

〔39〕 Craig R. Carter. Purchasing social responsibility and firm performance : The key mediating roles of organizational learning and supplier performance〔J〕. International Journal of Physical Distribution & Logistics Management, 2005, 35（3）: 177-194.

〔40〕 Craig R.Carter, Martin Dresner. Purchasing's role in environmental management : Cross-functional development of grounded theory〔J〕.The Journal of Supply Chain Management, 2001, 37（3）: 12-27.

〔41〕 Craig R.Carter.Interorganizational antecedents and determinants of environmental purchasing : An international comparison〔D〕.Madison : University of Wisconsin, 1995.

〔42〕 Daft , Richard L. Essential of organization theory and design〔M〕. South 2 Western College Publishing , 1998.

［43］ Dasgupta S , Laplante B. Inspections , pollution prices , and environmental performance : evidence from China ［J］. Ecological Economics, 2001（36）: 487-498.

［44］ Dean R B, Brown R L. Pollution regulation as a barrier to new firm entry : Initial evidence and implications for future research ［J］. Academy of Management Journal, 1995（38）: 288-303.

［45］ Dehong Wang, Jianbo Song. Budget slack, operation efficiency and transfer value ［Z］. A working paper, 2012.

［46］ Donaldson T , Dunfee TW. Toward a unified conception of business ethics : integrative social contracts theory ［J］. Academy of Management Review, 1994（2）: 252-284.

［47］ Drumwright. Socially responsible organizational buying : environmental concern as a noneconomic buying criterion ［J］. Journal of Marketing, 1994（58）: 1-19.

［48］ Dyer J , Singh H. The relational review : Cooperative strategies and sources of inter-organizational competitive advantage ［J］. Academy of Management Review, 1998, 23（4）: 660-679.

［49］ Evangeline Elijido-Ten , Louise Kloot. Extending the application of stakeholder influence strategies to environmental disclosures—An exploratory study from a developing country ［J］. Accounting, Auditing & Accountability Journal, 2010, 23（8）: 1042-1059.

［50］ Farrell MJ. The measurement of productive efficiency ［J］. Journal of the Royal Statistical Society, 1957（3）: 253-290.

［51］ Florida. The environment and the new industrial revolution ［J］. California Management Review, 1996（38）: 80-115.

［52］ FM Gollop , MJ Roberts. Environmental regulations and productivity growth : The case of fossil-fueled electric power generation ［J］. The Journal of Political Economy, 1993（4）: 654-674.

［53］ Forsund F R , Lovell C A K, Schmidt P. A survey of frontier production functions and their relationship to efficiency measurement ［J］. Journal of Econometrics, 1980（13）: 5-25.

［54］ Frederick W C. The moral authority of transnational corporate codes ［J］.

Journal of Business Ethics, 1991（3）: 165-177.

［55］ Freeman J. Stakeholder influence strategies［J］. Academy of Management Review, 1999（2）: 191-205.

［56］ Freeman R E. Strategic management : A stakeholder approach Englewood Cliffs［M］. NJ : Prentice-Hall, 1984.

［57］ Freeman R E., Reed D L.Stockholders and stakeholders : A new perspective in corporate governance［J］. California Management Review,1983(3): 88-106.

［58］ Geffen CA, Rothenberg S. Suppliers and environmental innovation : The automotive paint process［J］. International Journal of Operations & Production Management, 2000（2）: 166-186.

［59］ George A. Zsidisin, Sue P. Siferd. Environmental purchasing : A framework for theory development［J］. European Journal of Purchasing & Supply Management, 2001（7）: 61-73.

［60］ George A. Zsidisin, Thomas E. Hendrick. Purchasing's involvement in environmental issues : A multi-country perspective［J］.Industrial Management & Data Systems, 1998, 98(7): 313-320.

［61］ Gillen D , Lall A. Developing measures of airport productivity and performance : An application of data envelopment analysis［J］. Transportation Research Part E, 1997（4）: 121-125.

［62］ Giuliano Noci. Designing "green" vendor rating systems for the assessment of a supplier's environmental performance［J］. European Journal of Purchasing & Supply Management, 1997, 3（2）: 103-114.

［63］ Gordon Murray.Effects of a green purchasing strategy : The case of Belfast City Council［J］. Supply Chain Management : An International Journal, 2000, 5（1）: 37-44.

［64］ Gray V, Guthrie J. Issues of environmentally friendly packaging［J］. International Journal of Physical Distribution and Logistics Management , 1990 , 20（8）: 31-36.

［65］ Gray W B , Deily M E. Compliance and enforcement : Air pollution regulation in the U. S. steel industry［J］. Journal of Environmental Economics and Management, 1996（31）: 96-111.

［66］ Gunther E，Scheibe L. The hurdle analysis：a self-evaluation tool for municipalities to identify，analyse and overcome hurdles to green procurement［J］. Corporate Social Responsibility and Environmental Management，2006，13（2）：61-77.

［67］ Guo-Ciang Wu，Jyh-Hong Ding，Ping-Shun Chen. The effects of GSCM drivers and institutional pressures on GSCM practices in Taiwan' textile and apparel industry［J］. International Journal of Production Economics，2012（2）：618-636.

［68］ H Karen Schwartz，Richard Tapper，Xavier Font. A sustainable supply chain management framework for tour operators［J］. Journal of Sustainable Tourism，2008（16）：1-17.

［69］ Hamilton J T. Pollution as news：Media and stock market reactions to the Toxics Release Inventory Data［J］. Journal of Environmental Economics and Management，1995（28）：98-113.

［70］ Hamner B. Effects of green purchasing strategies on supplier behaviour［A］//Sarkis J. Greening the supply chain［M］.London:Springer，2006：25-37.

［71］ Handfield R，Walton S V，Sroufe R. Applying environmental criteria to supplier assessment：A study in the application of the analytical hierarchy process［J］. European Journal of Operational Research，2002（141）：70-87.

［72］ Handfield R B. The role of materials management in developing Time-based competition［J］. International Journal of Purchasing and Materials Management，1993，29（2）：2-10.

［73］ Hee Kyung An，Teruyoshi Amano，Hideki Utsumi，Saburo Matsui. A framework for Green Supply Chain Management complying with RoHS directive［C］. CRR Conference，2008：1-14.

［74］ Henriques，Irene，Perry Sadorsky. The determinants of an environmentally responsive firm：An empirical approach［J］. Journal of Environmental Economics and Management，1996，30（3）：381-395.

［75］ Hokey Min，William P. Galle. Green purchasing practices of US firms［J］. International Journal of Operations & Production Management，2001，21（9）：1222-1238.

［76］ Hokey Min，William P. Galle. Green purchasing strategies：Trends and implications［J］. Journal of Supply Chain Management，1997，33（3）：10-17.

［77］ Huang P S，Shih L H. Effective environmental management through environmental knowledge management［J］. International Journal of Environmental Science and Technology，2009（1）：35- 50.

［78］ I Henriques，P Sadorsky. The relationship between environmental commitment and managerial perceptions of stakeholder importance［J］. Academy of management，1999（1）：87-99.

［79］ Irene Henriques，Perry Sadorsky. The determinants of an environmentally responsive firm：An Empirical Approach［J］. Journal of Environmental Economics and Management，1996（3）：381-395.

［80］ Isabelle Maignan，Debbie Thorne McAlister. Socially responsible organizational buying：How can stakeholders dictate purchasing policies［J］. Journal of Macromarketing，2003，23（2）：78-89.

［81］ J Cox，J Sarkis，W Wells. Exploring organizational recycling market development：The Texas-Mexico border［M］// M Charter，M J Polonsky. Greener marketing：A global perspective on greener marketing practice，Sheffield，UK：Greenleaf Publishing，1999.

［82］ J L Murillo-Luna，C Garc'es-Ayerbe，P Rivera-Torres. Why do patterns of environmental response differ? A stakeholders' pressure approach［J］. Strategic Management Journal，2008（29）：1225-1240.

［83］ JA Aragon-Correa，S Sharma. A contingent resource-based view of proactive corporate environmental strategy［J］. Academy of Management Review，2003（1）：71-88.

［84］ Jared D Harris，Andrew C Wicks. "Public trust" and trust in particular firm-stakeholder interactions［J］. Corporate Reputation Review，2010（13）：142-154.

［85］ Jennings P D，P A. Zandberger. Ecologically sustainable organizations：An institutional approach［J］. Academy of Management Review，1995（4）：1015-1052.

［86］ John Harris.New Paths to Bussiness Value：Linking environment，health and safety performance to strategic sourcing［A］//Sarkis J.Greening the supply chain［M］. London：Springer，2006:39-67.

［87］ José Humberto Ablanedo-Rosas，Leopoldo A. Gemoets. Measuring the efficiency of Mexican airports［J］.Journal of Air Transport Management，2010，16（6）：343-345.

［88］ Joseph Fiksel. How to green your supply chain［J］.Environment Today，1995，6（2）：29-31.

［89］ Joseph Sarkis. A strategic decision framework for green supply chain management［J］. Journal of Cleaner Production，2003（11）：397-409.

［90］ Julian，Scott D，J C Ofori-Dankwa，Robert T. Justis. Understanding strategic responses to interest group pressures［J］. Strategic Management Journal，2008（9）：963-984.

［91］ K Buysse，A Verbeke. Proactive environmental strategies：A stakeholder management perspective［J］. Strategic Management Journal，2003（24）：453-470.

［92］ K W. Green Jr，P J. Zelbst，J Meacham，V S. Bhadauria. Green supply Chain management practices impact on performance［J］. Supply Chain Management：An International Journal，2012（3）：290-305.

［93］ K.Green et al. Green purchasing and supply policies：Do they improve companies' environmental Performance?［J］. Supply Chain Management：An International Journal，1998，3（2）：89-95.

［94］ Kelvin Zuo，Regan Potangaroa，Suzanne Wilkinson，James O.B. Rotimi. A project management prospective in achieving a sustainable supply chain for timber procurement in Banda Aceh，Indonesia［J］. International Journal of Managing Projects in Business，2009（3）：386-400.

［95］ Ken Green，Barbara Morton，Steve New. Purchasing and environmental management：Interactions，policies and opportunities［J］.Business Strategy and the Environment，1996，5（3）：188-197.

［96］ Lamming R，P Cousins，F Bowen，A Faruk. A comprehensive conceptual model for managing environmental impacts，costs and risks in supply chains［Z］. Working paper Center for research in Strategic Purchasing and Supply，University of Bath，United Kingdom，1999.

［97］ Lanoie P，Laplante B，Maité Roy. Can capital markets create incentives for pollution control ?[J] . Ecological Economics, 1998 (26): 31–41.

[98]　Laplante B , Rilstone P. Environmental inspections and emissions of the pulp and paper industry in quebec [J] . Journal of Environmental Economics and Management, 1996(31): 19–36.

[99]　Lippmann S. Supply chain environmental management elements for success[J] . Corporate Environmental Strategy, 1999 (2): 175–182.

[100]　Liu Bin, Zhao Rong, Liu Hong-jun. Empirical study on practices and performances of green purchasing among chinese manufacturing enterprises [J] . Proceedings of the IEEE International Conference on Automation and Logistics, 2008 (9): 1–3.

[101]　Lutz Preuss. In dirty chains ? Purchasing and greener manufacturing [J] . Journal of Business Ethics, 2001 (34): 345–359.

[102]　Lynette Knowles Mathur , Ike Mathur. An analysis of the wealth effects of green marketing strategies[J]. Journal of Business Research,2000(50): 193–200.

[103]　M Saha, G Darnton. Green companies or green conpanies—are companies really green, or are they pretending to be [J] .Business and Society Review, 2005 (2): 117–157.

[104]　Madhu Khanna , William Rose Q. Anton. Corporate environmental management—regulatory and market-Based incentives [J] . Land Economics, 2002 (4): 539–558.

[105]　Magali Delmas , Michael W. Toffel. Stakeholders and environmental management practices : An institutional framework [J] . Business Strategy and the Environment, 2004 (13): 209–222.

[106]　Maloni MJ, Benton WC. Supply Chain Partnerships : Opportunities for Operations Research [J] . European Journal of Operational Research, 1997, 101 (3): 419–429.

[107]　Maria Bjorklund. Influence from the business environment on environmental purchasing — Drivers and hinders of purchasing green transportation services [J] . Journal of Purchasing & Supply Management, 2011 (17): 11–22.

[108]　Marshall R S , et al . Exploring individual and institutional drivers of proactive environmentalism in the US wine industry[J] .Business Strategy and the

Environment, 2005 (14): 92-109.

[109] Miles, Morgan P, Jeffrey G. Covin. Environmental marketing: A source of reputational, competitive, and financial advantage [J]. Journal of Business Ethics, 2000 (3): 299-311.

[110] Mitehell A, Wood D.Toward a theory of stakeholder identification and salience: Defining the principle of who and what really counts [J]. Academy of management review, 1997 (4): 853-886.

[111] Mohammad Asif Salam. Social responsibility in purchasing: the case of Thailand [J]. International Journal of Procurement Management, 2007 (11): 97-116.

[112] N Walley, B Whitehead. It's not easy being green [J]. Harvard Business Review, 1994 (3): 46-51.

[113] Nadkarni Sucheta, Pamela S. Barr. Environmental context, managerial cognition, and strategic action: An integrated view [J]. Strategic Management Journal, 2008 (13): 1395-1427.

[114] Nagel M H. Managing the environmental performance of production facilities in the electronics industry: More than application of the concept of cleaner production [J]. Journal of Cleaner Production, 2003 (1): 11-26.

[115] Oksana Mont, Charlotte Leire. Socially responsible purchasing in supply chains: Drivers and barriers in Sweden [J]. Social Responsibility Journal, 2009 (3): 388-407.

[116] Oksana Mont, Charlotte Leire. Socially responsible purchasing in supply chains — drivers and barriers in Sweden [J].Social Responsibility Journal, 2009, 3 (5): 388-407.

[117] Olivier Boiral. Corporate greening through ISO14001: A rational myth? [J]. Organization Science, 2007 (1): 127-146.

[118] Ottman J A. Green marketing: Opportunity for Innovation [M]. Chicago: NTC Business Books, 1998.

[119] Paulraj, A. Environmental motivations: A classification scheme and its impact on environmental strategies and practices [J]. Business Strategy and the Environment, 2009 (7): 453-468.

[120] Pfeffer J, Salancik G. The external control of organizations: A

resource dependence perspective [M] .New York : Harper & Row Publishers, 1978.

[121] Porter, M.E , van der Linde, C. Green and competitive : ending the stalemate [J] . Harvard Business Review, 1995 (5): 120-134.

[122] Preston, Lee E, O'Bannon , Douglas P. The corporate social-financial performance relationship : A typology and analysis [J] .Business and Society, 1997, 36 (4): 419-429.

[123] Purba Rao. The greening of suppliers – in the south east Asian context [J] . Journal of Cleaner Production, 2005, 13 (9): 935-945.

[124] Qinghua Zhu , Raymond P. Cote. Integrating green supply chain management into an embryonic eco-industrial development : A case study of the Guitang Group [J] . Journal of Cleaner Production, 2004 (12): 1025-1035.

[125] Qinghua Zhu, Joseph Sarkis , Kee-hung Lai. Green supply chain management : Pressures, practices and performance within the Chinese automobile industry [J] . Journal of Cleaner Production, 2007, 15 (11-12): 1041-1052.

[126] Qinghua Zhu, Joseph Sarkis, Kee-hung Lai. Confirmation of a measurement model for green supply chain management practices implementation [J] . International Journal of Production Economics, 2008 (111): 261-273.

[127] Qinghua Zhu, Joseph Sarkis. Relationships between operational practices and performance among early adopters of green supply chain management practices in Chinese manufacturing enterprises [J] . Journal of Operations Management, 2004 (22): 265-289.

[128] Qinghua Zhu, Joseph Sarkis. The moderating effect of institutional pressures on emergent green supply chain and performance [J] . International Journal of Production Research, 2007, 45 (18-19): 4333-4355.

[129] Reynolds SJ, Schultz FC, Hekman DR. Stakeholder theory and managerial decision-making : Constraints and implications of balancing stakeholder interests [J] . Journal of Business Ethics, 2006 (64): 285-301.

[130] Richard Lamming , Jon Hampson. The environment as a supply chain management issue [J] . British Journal of Management, 1996, 7 (11): 545-562.

[131] Roland Cliff, Lucy Wright.Relationships between environmental

impacts and added value along the supply chain [J] . Technological Forecasting and Social Change, 2000 (65): 281-295.

[132] Rowlands I H , D Scott, P Parker .Consumers and green electricity : profiling potential purchasers [J] . Business Strategy and the Environment, 2003 (1): 36-48.

[133] Ruf B M, Muralidhar K, Brown R M, et al.An empirical investigation of the relationship between change in corporate social performance and financial performance : A stakeholder theory perspective [J] . Journal of Business Ethics, 2001, 32 (2): 143-156.

[134] Ruth V. Aguilera, Deborahe. Rupp, Cynthiaa. Williams , Jyoti Ganapathi. Putting the S back in corporate social responsibility : A multilevel theory of social change in organizations[J]. Academy of Management Review,2007(3): 836-863.

[135] Sandra A. Waddock , Samuel B. Graves. Quality of management and quality of stakeholder relations are they synonymous? [J] . Business & Society, 1997 (3): 250-279.

[136] Sanjay Sharma, Irene Henriques. Stakeholder influences on sustainability practices in the Canadian forest products industry [J] . Strategic Management Journal, 2005, 26 (2): 159-180.

[137] Sarkis J. Evaluating environmentally conscious business practices[J]. European Journal of Operational Research, 1998 (107): 159-174.

[138] Sarkis J. How green is the supply chain? [Z] .Practice and research, clark university, worcester, MA.1999.

[139] Sarkis J. Supply chain management and environmentally conscious design and manufacturing [J] . International journal of environmentally conscious design & manufacturing, 1995 (4): 43-52.

[140] Sharfman M P , C S Fernando. Environmental risk management and the cost of capital [J] . Strategic Management Journal, 2008 (6): 569-592.

[141] Shrum L J , J A McCarty, T M Lowrey. Buyer characteristics of the green consumer and their implications for advertising strategy [J] .Journal of Advertising, 1995 (2): 71-82.

[142] Starik M. Should trees have managerial standing? Toward stakeholder

status for non-human nature [J]. Journal of Business Ethics, 1995 (1): 207-217.

[143] Steadman M E, Zimmerer T W. Pressures from stakeholders hit Japanese companies[J]. Long Range Planning, 1995 (28): 29-37.

[144] Stephan Vachon, Robert D Klassen. Extending green practices across the supply chain [J]. International Journal of Operations & Production Management, 2006, 26 (7): 795-821.

[145] Stephan Vachon. Green supply chain practices and the selection of environmental technologies [J]. International Journal of Production Research, 2007 (19): 4357-4379.

[146] Steve Lippman. Supply chain environmental management [J]. Environmental Quality Managemen, 2001 (2): 11-14.

[147] Steve V Walton, Robert B. Handfield, Steven A. Melnyk. The green supply chain: Integrating suppliers into environmental management processes[J]. International Journal of Purchasing and Materials Management, 1998(2): 2-11.

[148] Stevels A. Green supply chain management much more than questionnaires and ISO14001 [A]. 2002 IEEE International Symposium on Electronics & The Environment Conference Record, 2002: 96-100.

[149] Stock James R. Reverse logistics [M]. Oakbrook Illinois: Council of Logistics Management, 1992.

[150] Stuart L Hart. A natural-resource-based view of the firm [J]. Academy of Management Review, 1995, 20 (4): 986-1014.

[151] Tarig Khidir Eltayeb, Suhaiza Zailani. Going green through green supply chain initiatives towards environmental sustainability [J]. Operations & Supply Chain Management, 2009, 2 (2): 246-251.

[152] Tarig Khidir ElTayeb, Suhaiza Zailani, Krishnaswamy Jayaraman. The examination on the drivers for green purchasing adoption among EMS 14001 certified companies in Malaysia [J]. Journal of Manufacturing Technology Management, 2010, 21 (2): 206-225.

[153] Thomas Foster. Jr, Scott E. Sampson, Steven C. Dunn. The impact of customer contact on environmental initiatives for service firms [J]. International

Journal of Operations&Production Management, 2000（2）: 187-203.

［154］ Timothy J. Rowley .Moving beyond dyadic ties : A network theory of stakeholder influences［J］. Academy of management Review, 1997（4）: 887-910.

［155］ Ulli Arnold , Benedikt Schmidt. Integrating sustainability into strategic purchasing : An advanced purchasing portfolio approach［C］. Academic Paper for the 8th Annual International Symposium on Supply Chain Management, 2010 : 1-19.

［156］ Valentina Carbone, Valérie Moatti .Towards greener supply chains : An institutional perspective［J］. International Journal of Logistics : Research and Applications, 2011（3）: 179-197.

［157］ Venkatraman N. Strategic orientation of business enterprises : The construct,dimensionality,and measurement［J］. Management Science,1989（8）: 942-962.

［158］ Vito Albino, Azzurra Balice , Rosa Maria Dangelico. Environmental strategies and green product development : An overview on sustainability - driven companies［J］. Business Strategy and the Environment, 2009（2）: 83-96.

［159］ Waddock SA, Boyle ME. The dynamics of change in corporate community relations［J］. California Management Review, 1995（4）: 125-140.

［160］ Webb Leslie. Green purchasing : Forging a new link in the supply chain［J］.Resource, 1994 , 1（6）: 14-18.

［161］ Wendy L. Tate, Kevin J. Dooley , Lisa M. Ellram. Transaction cost and institutional drivers of supplier adoption of environmental practices［J］. Journal of Business Logistics, 2011（1）: 6-16.

［162］ Wendy L. Tate, Lisa M. Ellram, Jon F. Kirchoff. Corporate social responsibility reports : A thematic analysis related to supply chain management［J］. Journal of Supply Chain Management, 2010（1）: 19-44.

［163］ Wheeler D. Including the stakeholders : The business case［J］. Long Range Planning, 1998（2）: 201-210.

［164］ Wilma Rose Q. Anton, et al. Incentives for environmental self-regulation and implications for environmental performance［J］. Journal of Environmental Economics and Management, 2004, 48（1）: 632-654.

［165］ Wu，Yanrui. Is China's economic growth sustainable? A productivity analysis［J］.China Economic Review，2000（11）：278-296.

［166］ Wu，Yanrui. Productive growth，Technological progress and Technical efficiency change in China：A three-sector analysis［J］. Journal of Comparative Economics，1995（21）：207-229.

［167］ Yasutaka Kainuma，Nobuhiko Tawara. A multiple attribute utility theory approach to lean and green supply chain management［J］. International Journal of Production Economics，2006，101（1）：99-108.

［168］ Yawen Jiao. Stakeholder welfare and firm value［J］. Journal of Banking & Finance，2010（34）：2549-2561

［169］ Yin R K. Case study research：Design and methods（2nd ed.）［M］. Newbury Park，CA：Sage，1994.

［170］ Yongrok Choi，Ning Zhang. Does proactive green logistics management improve business performance? A case of Chinese logistics enterprises ［J］. African Journal of Business Management，2011（17）：7564-7574.

［171］ Zvi Adar，James M Griffin. Uncertainty and the choice of pollution control instruments［J］. Journal of Environmental Economics and Management，1976（3）：178-188.

［172］ 陈杰，屠梅曾，孙大宁.生态供应链下绿色采购的信号博弈［J］. 系统工程学报，2004（2）：202-206.

［173］ 陈玉清，马丽丽.我国上市公司社会责任会计信息市场反应实证分析［J］.会计研究，2005（11）：76-81.

［174］ 陈昕.利益相关者利益要求识别、企业社会责任表现与企业绩效［D］.华南理工大学，2011.

［175］ 陈宏辉.企业的利益相关者理论与实证研究［D］.浙江大学，2003.

［176］ 陈宏辉.利益相关者管理：企业伦理管理的时代要求［J］.经济问题探索，2003（2）：68-71.

［177］ 陈小林，罗飞，袁德利.公共压力、社会信任与环保信息披露质量［J］.当代财经，2010（8）：111-121.

［178］ 陈杰.生态供应链环境下绿色采购和绿色监管的研究［D］.上海交通大学，2003.

［179］ 曹景山，曹国志.企业实施绿色供应链管理的驱动因素理论探讨［J］.价值工程，2007（10）：56-59.

［180］ 邓德军，肖文娟.消费者可以影响企业的环保行为吗［J］.经济评论，2011（6）：63-71.

［181］ 邓琳娜.我国企业实施绿色供应链管理的障碍因素分析［J］.河南商业高等专科学校学报，2010（6）：69-73.

［182］ 多纳德逊，邓非.有约束力的关系 —— 对企业伦理学的一种社会契约论的研究［M］.赵月瑟译.上海：上海社会科学院出版社，2001.

［183］ 但斌，刘飞.绿色供应链及其体系结构研究［J］.中国机械工程，2000（11）：1232-1234.

［184］ 葛晓梅，刘源，杨茉.我国制造企业实施绿色供应链管理的障碍及对策研究［J］.科技管理研究，2008（7）：524-526.

［185］ 郭宝东.绿色采购特征及影响因素分析［J］.环境保护与循环经济，2011（10）：69-71.

［186］ 侯方淼.绿色采购研究［D］.对外经济贸易大学，2007：48-50.

［187］ 贾生华，陈宏辉.基于利益相关者共同参与的战略性环境管理［J］.科学学研究，2002（2）：209-213.

［188］ 贾生华，陈宏辉.利益相关者的界定方法述评［J］.外国经济与管理，2002（5）：13-18.

［189］ 纪建悦，刘艳青，王翠，吕帅.利益相关者影响企业财务绩效的理论分析与实证研究［J］.中国管理科学，2009（6）：186-192.

［190］ 纪建悦，刘艳青，袁治.利益相关者满足与企业财务绩效的相关性研究［J］.财经科学，2010（9）：71-78.

［191］ 纪建悦，李坤.利益相关者关系与企业财务绩效的实证研究 —— 基于中国房地产上市公司的面板数据分析［J］.管理评论，2011（7）：143-148.

［192］ 刘彬.基于绿色采购的制造企业供应商选择与绩效关系实证研究［D］.大连理工大学，2008.

［193］ 刘彬，朱庆华.绿色采购实践研究述评［J］.中国人口·资源与环境，2009（19）：150-155.

［194］ 梁凤霞.我国绿色供应链管理体系的现状及发展策略［J］.中国流通经济，2009（5）：25-28.

［195］ 刘彬.朱庆华.制造企业绿色采购实践对绩效影响的实证研究［J］.管理学报，2009（7）：924-929.

［196］ 刘军.管理研究方法：原理与应用［M］.北京：中国人民大学出版社，2008.

［197］ 林勇，连洪泉，谢军.外部治理环境与公司内部治理结构效应比较［J］.中国工业经济，2009（1）：130-139.

［198］ 雷海民，梁巧转，李家军.公司政治治理影响企业的运营效率吗 —— 基于中国上市公司的非参数检验［J］.中国工业经济，2012（9）：109-121.

［199］ 罗斯基，托马斯.经济效率与经济效益［J］.经济研究，1993（6）：38-40.

［200］ 刘新梅，张若勇，程鹏飞.基于随机前沿方法的区域发电技术效率评价［J］.统计与决策，2007（3）：67-69.

［201］ 刘蓓蓓，俞钦钦，毕军，张炳，张永亮.基于利益相关者理论的企业环境绩效影响因素研究［J］.中国人口·资源与环境，2009（6）：80-84.

［202］ 刘有贵，蒋年云.委托代理理论述评［J］.学术界，2006（1）：69-78.

［203］ 马丽丽，姚嘉，韩平.绿色采购战略对我国企业经营绩效的影响［J］.佳木斯大学社会科学学报，2008（1）：52-53.

［204］ 欧阳芳，魏力，鲁雅萍.基于组织实现三赢的绿色采购体系构建研究［J］.生态经济，2010（8）：72-74.

［205］ 邱均平，余以胜，邹菲.内容分析法的应用研究［J］.情报杂志，2005（8）：11-13.

［206］ 秦颖.企业环境管理的驱动力研究［D］.大连理工大学，2006.

［207］ 曲英，朱庆华，武春友.绿色供应链管理动力 / 压力因素实证研究［J］.预测，2007（5）：1-6.

［208］ 綦建红，周洁琼.跨国公司的跨境环境管理及其对中国的启示［J］.南开管理评论，2007（3）：98-103.

［209］ 斯蒂格利茨.经济学（上册）［M］.北京：中国人民大学出版社，1997.

［210］ 莎娜.企业环境战略决策及其绩效评价研究［D］.中国海洋大学，2012.

［211］ 谭顺勇，王明超.绿色供应链在我国企业中发展的现状、制约因素及对策［J］.企业活力，2008（7）：87-88.

［212］ 温忠麟，张雷，侯杰泰，刘红云.中介效应检验程序及其应用［J］.心理学报，2004（5）：614-620.

［213］ 温素彬，方苑.企业社会责任与财务绩效关系的实证研究［J］.中国工业经济，2008（10）：150-160.

［214］ 吴迎新，徐淑一.基于随机前沿生产函数的纺织业技术效率分析［J］.广东社会科学，2010（1）：46-51.

［215］ 吴玲.中国企业利益相关者管理策略实证研究［D］.四川大学，2006.

［216］ 武春友，朱庆华，耿勇.绿色供应链管理与企业可持续发展［J］.中国软科学，2001（3）：67-70.

［217］ 王义琛，王远，朱晓东，吴小庆，陈洁.绿色供应链管理研究进展评述［J］.中国人口·资源与环境，2010（3）：9-12.

［218］ 王晓立.外包中供应商机会主义行为及其契约防范［J］.企业经济，2005（2）：57-58.

［219］ 王玮，雷虹，陆红艳.利益相关者对企业环境管理的影响研究［J］.汕头大学学报（人文社会科学版），2011（1）：51-59.

［220］ 王建明，叶青松，邹晓武.战略成本管理导向下的绿色成本管理探讨［J］.科学学与科学技术管理，2003（11）：96-99.

［221］ 王卓.基于超效率 DEA 模型的我国工业企业效率评价［J］.科学管理研究，2007（6）：29-32.

［222］ 王艺明.我国高新区的技术效率、规模效率与规模报酬［J］.上海经济研究，2003（8）：46-53.

［223］ 王端旭，潘奇.企业慈善捐赠带来价值回报吗 —— 以利益相关者满足程度为调节变量的上市公司实证研究［J］.中国工业经济，2011（7）：118-128.

［224］ 王世权，王丽敏.利益相关者权益保护与公司价值 —— 来自中国上市公司的证据［J］.南开管理评论，2008（2）：34-41.

［225］ 王立清，杨宝臣，高常水.制度环境对企业 R&D 投入的影响［J］.科技进步与对策，2011（22）：79-83.

［226］ 谢伟，胡玮，夏绍模.中国高新技术产业研发效率及其影响因素

分析［J］.科学学与科学技术管理，2008（3）：144-149.

［227］ 杨红娟.绿色供应链管理——企业可持续发展模式［M］.北京：科学出版社，2008.

［228］ 颜江.家电行业绿色供应链构建障碍与对策研究［J］.郑州航空工业管理学院学报（社会科学版），2007（3）：175-178.

［229］ 杨瑞龙，周业安.企业的利益相关者理论及其应用［M］.北京：经济科学出版社，2000.

［230］ 杨东宁，周林浩，李祥进.利益相关方参与及其对企业竞争优势的影响——中国大中型工业企业环境管理的实证研究［J］.经济管理，2011（5）：70-78.

［231］ 阎钢军，邓伯荣，孙慧.中国银行运营效率及其影响因素的实证分析［J］.当代经济科学，2007（3）：71-73.

［232］ 杨波.我国零售业上市公司经营效率评价与分析［J］.山西财经大学学报，2012（1）：52-61.

［233］ 易军，耿勇，朱庆华.选好你的"绿色采购"供应商［J］.中外管理，2006（2）：94-96.

［234］ 杨红娟.企业实施绿色供应链管理的激励机制探讨［J］.经济问题探索，2007（3）：161-164.

［235］ 杨东宁，周长辉.企业自愿采用标准化环境管理体系的驱动力——理论框架及实证分析［J］.管理世界，2005（2）：85-107.

［236］ 杨德锋，杨建华.环境战略、组织能力与竞争优势——通过积极的环境问题反应来塑造组织能力、创建竞争优势［J］.财贸经济，2009（9）：120-125.

［237］ 叶飞，张婕，吕晖.供应商机会主义行为对信息共享与运营绩效的影响［J］.管理科学，2012（2）：51-60.

［238］ 朱庆华，耿勇.企业绿色采购影响研究［J］.中国软科学，2002（11）：71-74.

［239］ 赵清华，朱庆华.绿色供应链管理及其绩效评价研究述评［J］.科研管理，2005（4）：93-98.

［240］ 张彩虹.企业实施绿色采购的影响和建议［J］.商业时代，2004（21）：18-19.

［241］ 朱庆华.绿色供应链管理动力／压力影响模型实证研究［J］.大连

理工大学学报（社会科学版），2008（2）：6-12.

［242］ 朱庆华，田一辉.企业实施绿色供应链管理动力模型研究［J］.管理学报，2010（5）：723-727.

［243］ 朱庆华，耿勇.中国制造企业绿色供应链管理实践类型及绩效实证研究［J］.数理统计与管理，2006（4）：392-399.

［244］ 朱庆华，田凤权.影响绿色政府采购制约因素的实证分析［J］.科技与管理，2011（2）：25-31.

［245］ 张秋来.利益相关者管理对企业财务绩效的影响研究［D］.华中科技大学，2011.

［246］ 朱庆华,曲英,武春友.基于统计分析的绩效评价方法研究［J］.大连理工大学学报：自然科学版，2006，46（5）：765-770.

［247］ 朱庆华.绿色供应链管理［M］.北京：化学工业出版社，2004.

［248］ 周建，方刚，刘小元.制度环境、公司治理对企业竞争优势的影响研究 —— 基于中国上市公司的经验证据［J］.南开管理评论，2009（5）：18-27.

［249］ 张华，刘飞，梁洁.绿色制造的体系结构及其实施中的几个战略问题探讨［J］.计算机集成制造系统，1997（2）：11- 14.

［250］ 朱庆华，赵清华.绿色供应链管理及其绩效评价研究述评［J］.科研管理，2005（4）：93-98.

［251］ 朱庆华,耿勇.企业绿色供应链管理实践与绩效关系统计分析［J］.数理统计与管理，2005（5）：13-19.

［252］ 朱新球，黎春梅.绿色供应链生产商与上游供应商的博弈分析［C］.International Conference on Engineering and Business Management（EBM2010），2010.

［253］ 张建利.基于客户的企业经营创新探讨［J］.企业经济,2009(11)：80-82.

［254］ 张松波，宋华.企业绿色采购制约因素内部机理研究［J］.商业研究，2012（2）：119-127.